정신현상학

정신의 발전에 관한 성장 소설

청소년 철학창고 38

정신현상학 정신의 발전에 관한 성장 소설

초판 1쇄 인쇄 2018년 11월 8일 | 초판 1쇄 발행 2018년 11월 15일

풀어쓴이 김은주
펴낸이 홍석 | 기획 채희석 | 전무 김명희
책임편집 김재실 | 편집 이진규 | 표지 디자인 황종환 | 본문 디자인 서은경
마케팅 홍성우·이가은·김정선·배일주 | 관리 최우리
펴낸곳 도서출판 풀빛 | 등록 1979년 3월 6일 제8-24호
주소 03762 서울시 서대문구 북아현로 11가길 12 3층
전화 02-363-5995(영업), 02-362-8900(편집) | 팩스 02-393-3858
홈페이지 www.pulbit.co.kr | 전자우편 inmun@pulbit.co.kr

ISBN 979-11-6172-725-7 44160
ISBN 978-89-7474-526-4 (세트)

이 도서의 국립중앙도서관 출판예정도서목록(CIP)은 서지정보유통지원시스템 홈페이지(http://seoji.nl.go.kr)와
국가자료공동목록시스템(http://www.nl.go.kr/kolisnet)에서 이용하실 수 있습니다. (CIP제어번호: CIP2018033771)

정신현상학

정신의 발전에 관한 성장 소설

헤겔 지음 | 김은주 풀어씀

Phänomenologie
des Geistes

풀빛

'청소년 철학창고'를 펴내며

 우리 청소년이 읽을 만한 좋은 책은 없을까? 많은 분들이 이런 고민을 하셨을 겁니다. 그러면서 흔히들 고전을 읽어야 한다고 합니다. 하지만 서점에 가서 책을 골라 보신 분들은 느꼈을 겁니다. '청소년의 지적 수준에 맞춰서 읽힐 만한 고전이 이렇게도 없는가.'라고.

 고전 선택의 또 다른 어려움은 고전의 범위가 매우 넓다는 것입니다. 청소년 시기에는 시간과 능력의 한계 때문에 그 많은 고전들을 모두 읽을 수 없습니다. 그렇다면 어떤 책을 읽어야 할까요?

 이런 여러 현실적인 어려움을 고려해 기획한 것이 풀빛 '청소년 철학창고'입니다. '청소년 철학창고'는 고전의 핵심이라 할 수 있는 '철학'에 더 많은 무게를 실었습니다. 그 이유는 무엇일까요?

 사람들은 일반적으로 철학을 현실과 동떨어진 공리공담이나 펼치는 학문이라고 생각합니다. 하지만 철학적 사고의 핵심은 사물과 현상을 다양하게 분석하고 종합해서 그 원칙이나 원리를 찾아내는 것입니다. 그래서 철학은 인간과 세상에 대해 깊이 있게 생각하고, 논리적으로 종합하는 능력을 키워 줍니다. 그런 만큼 세상과 인간에 대해 눈떠 가는 청소년 시기에 정말로 필요한 공부입니다.

하지만 모든 고전이 그렇듯이 철학 고전 또한 읽기가 쉽지 않습니다. 그래서 '청소년 철학창고'는 청소년의 눈높이에 맞추기 위해 선정에서부터 원문 구성에 이르기까지 많은 노력을 기울였습니다.

첫째, 책을 선정하는 과정에서부터 엄격함을 유지했습니다. 동양·서양·한국 철학 전공자들이 많은 회의 과정을 거쳐, 각 시대마다 동서양과 한국을 대표하는 철학 고전들을 엄선했습니다. 특히 우리 선조들의 사상과 동시대 동서양의 사상들을 주체적인 입장에서 비교하고 검토할 수 있도록 했습니다.

둘째, 고전 읽기의 참다운 맛을 살리기 위해 최대한 원문을 중심으로 구성했습니다. 물론 원문 읽기의 어려움을 해결하기 위해 새롭게 번역하고 재정리했습니다. 그리고 청소년이라면 누구나 어렵지 않게 읽으면서 고전이 주는 의미와 내용을 이해할 수 있도록 설명을 덧붙였고, 전체 해설을 통해 저자의 사상과 전체 내용을 다시 한 번 정리해 주었습니다.

마지막으로 쉬운 것부터 읽기 시작해 점차 사고의 폭을 넓혀 가도록 난이도에 따라 세 단계로 구분했습니다. 물론 단계와 상관없이 읽고 싶은 순서대로 읽어도 됩니다.

우리 선정위원들은 고전 읽기의 진정한 의미가 '옛것을 되살려 오늘을 새롭게 한다(溫故知新).'는 데 있다고 생각합니다. '청소년 철학창고'를 통해 자라나는 청소년들이 인간과 사물에 대한 깊은 통찰력을 키워, 밝은 미래를 열어 나갈 수 있기를 진정으로 바랍니다.

2005년 2월

선정위원 허우성(경희대 교수, 동양 철학)　　　　윤찬원(인천대 교수, 동양 철학)
　　　　　정영근(서울산업대 교수, 한국 철학)　　　허남진(서울대 교수, 한국 철학)
　　　　　이남인(서울대 교수, 서양 철학)　　　　　한자경(이화여대 교수, 서양 철학)

들어가는 말

지금 동시대에서 헤겔 읽기는 어떠한 의미를 지니는가? 한국 사회에서 헤겔은 오랫동안 마르크시즘의 뒤편에 서 있는 불온한 사상가로 알려졌다. 이제 헤겔은 불온함을 넘어서 포스트모더니즘과 공존하면서 그에 비평적 영감을 주는 위치에서 영향력을 발휘하고 있다. 슬라보예 지젝은 〈가디언〉과의 인터뷰에서 과거의 시간으로 거슬러 올라갈 수 있다면 어느 시대를 택할 것인가라는 질문에 대해 다음과 같이 대답한다. "대학에서 헤겔의 강의를 직접 듣고 싶기 때문에 19세기 초반의 독일로 가고 싶다." 당시 지젝 자신이 갖고 있는 가장 비싼 물건으로 꼽은 것도 독일에서 개정판으로 출간된 《헤겔 전집》이었다.

헤겔은 과거의 사상가로서 가치를 지니는 것이 아니라, 21세기를 살아가는 동시대 우리의 삶과 공명하는 철학자인 것만은 분명하다. 우리가 함께 읽을 헤겔의 《정신현상학》은 헤겔의 사상을 이해하기 위해 필수적으로 거쳐야 하는 저작이다. 생동감 넘치는 노예와 주인의 인정 투쟁의 서사는 공동체 안에서 사회적 인정을 필요로 하는 소수자들에게는 논변의 주요한 근거로 작동하고 있다. 《정신현상학》은 한 방향으로만 읽히는 책이 아니다. 그에 접근하는 길은 다양하고, 여러 가지 방식으로 해석되고 풀이되기도 한다. 이 책에서는 《정신현상학》을 일종의 정신의 성장사이자, 독일에서 한때 유행했던 교양 서사의 측면으로 이해해 독자들과 함께 접근하고 싶었다. 그 길이 《정신현상학》이라는 품 넓은 산의 정상에 도달하는 제일 쉬운 등산로일 수 있고, 다양한 풍경과 고도를 즐길 수 있는 방식이라 판단했기 때문이다.

개인적으로는, 헤겔의 《정신현상학》을 다시 읽고 풀어쓰는 이 과정이 지금까지 거쳐 온 학문의 길을 되짚어 보는 작업이기도 했다. 최종적으로 박사 논문은 포스트모더니즘으로 흔히 분류되는 철학자 질 들뢰즈의 윤리학 논의를 중심으로 완성했지만, 들뢰즈 이전에 가장 관심을 가진 철학자는 헤겔이었다. 헤겔에서 들뢰즈로 이동한 경로 역시 그 나름의 이유가 있었을 터이다. 하지만 분명한 것은 헤겔 읽기를 멈출 수 없다는 사실이다.

필자의 글을 읽고 다듬어 주신 채희석 기획위원님과 많은 질문을 던지며 함께 책을 만든 김재실 부장님에게 감사의 인사를 전한다. 미래의 독자가 될 조카 용준, 태준, 윤기를 위해 이 책을 썼다.

2018년 10월
김은주

| 차례 |

《정신현상학》을 이해하기 위한 배경지식

| 관념론 |

보통 유물론에 대립하는 용어로 사용된다. 세계의 실재를 변화하는 현상이라 파악하지 않고 이 세계 너머를 초월해 있다고 보는 것이다. 여기서 실재는 변치 않는 본질을 지닌다. 관념론은 무엇보다도 관념, 관념적인 것이라는 초월적 형상을 감각으로 파악하는 물질적인 것보다 우선적이고 근원적인 것으로 여긴다.

| 실재 |

실재는 인식하는 사람과 독립하여 객관적으로 존재하는 것을 말한다. 실재를 사물의 배후에 있는 불변하는 존재의 원인이라고 보는 입장은 철학사에 수없이 많았다. 이렇게 불변하는 실재가 있다고 지지하는 입장을 관념론이라 부른다. 관념론에서 실재는 어떤 존재가 갖고 있는 변치 않는 본질이다.

이와 달리 감각적인 물질을 실재로 생각하는 입장이 유물론이다. 유물론에서 실재는 세계를 인식하는 의식과 독립하여 의식 밖 세계에 객관적으로 존재하는 물질세계를 뜻한다. 유물론적 입장에서 우리는 이 물질을 감각을 통해 받아들이고, 여기에 사고의 작용이 더해져 실재에 대한 우리 나름의 지식을 갖는다.

| 실체 |

존재하는 모든 것의 기초이자 근거를 말한다. 세계의 변화에도 불구하고 항상 변하지 않고 동일하게 머무는 존재의 근원이 바로 실체다. 철학에서 실체의 정의는 무엇보다도 그 자신이 존재하는 원인이라는 것에 있다. 무엇에 의해서 존재하는 것이 아니라, 스스로 존재의 이유를 갖는 자존적인 것이다.

실체의 가장 큰 특징은 불변하고 동질의 상태로 머문다는 점이다. 어떠한 현상의 변화에도 불구하고, 실체는 지속하며 양에서 증가하거나 감소하지도 않는다. 그러나 변증법은 부단히 운동하고 발전하는 것으로 실체 개념을 확장한다. 그래서 시간의 변화를 실체 개념에 도입한다. 변증법에 따르면, 실체 역시 변화하고 운동하는 과정을 겪는다. 물론 여전히 실체의 운동의 동력은 그 내부에 있다. 실체의 운동은 본질을 실현하며 완성하기 위해 필수 불가결한 것이라고 본다.

| 세계 |

헤겔에 있어 세계는 인식과 행위가 생겨나고 가능하게 하는 기반이다. 세계는 모든 현상이 일어나는 전체이며, 존재하는 대상이 있는 지평이다. 세계는 감각적 대상과 자연을 칭하기도 한다.

| 즉자 존재 (an-sich-sein) |

즉자 존재는 자기 자신 외에 다른 존재와 어떠한 관계나 관련을 맺지 않는 상태로 있는 것이다. 헤겔은 즉자 존재를 그 자체로 머물러 있는 존재라고 말한다. 즉자 존재는 어떠한 가공도 거치지 않은 자연에서 주어진 사물들과 같은 것이니, 어떠한 인위적 작용도 거치지 않은 자연적 질료 상태와 같다.

이러한 즉자 존재는 변화하지 않은 상태다. 밀가루의 예를 들어 설명하자면, 아직 가공되지 않은 자연 그대로의 밀을 말한다. 밀은 추수된 후 탈곡기를 거쳐 밀알이 되고, 빻아져서 밀가루가 된다. 그러므로 자연 그대로의 상태로만 계속 머물러 있는 것, 그것이 즉자 존재의 밀인 것이다.

| 대타 존재 (anderes sein) |

어떠한 변화도 없는 즉자 상태에서 빠져나와, 자연적 사태를 부정하면서 변화하여 존재하는 것이 대타 존재다. 대타 존재는 즉자를 부정하면서 존재한다. 즉, 대타 존재는 외부와 무관한 채 존재하는 자기(즉자 존재)를 부정하면서 외부와 관련을 맺으며 운동과 변화를 꾀한다.

대타 존재는 변화의 원동력이 된다. 밀가루의 예를 들자면, 가공되지 않은 밀을 수확하여 잎사귀와 분리하고 탈곡한 것, 즉 밀알이 대타 존재다. 이제 밀은 자연의 상태가 아니라 그로부터 벗어나 가공이라는 외부의 작용에 의해 새로운 존재(대타 존재)가 된 것이다.

| 대자 존재 (für sich sein) |

대타 존재는 다시금 부정을 실행한다. 그렇지만, 이번의 부정은 그저 앞선 상태를 부정한 것이 아니라, 즉자 존재와 즉자를 부정한 대타 존재를 통일적으로 합한 것이다. 부정의 부정을 하면서 도달한 것이 대자 존재다. 대자 존재 안에는, 부정된 즉자와 즉자를 부정한 반대 항인 대타가 통일적으로 합쳐져 존재한다.

즉자 존재에서 대타 존재 그리고 이 둘을 부정하는 과정 속에서, 결코 사라질 수 없는 것을 보존하고 통일하여 도달한 변화된 존재가 대자 존재다. 그러므로 대자 존재는 독자적으로 존립할 수 있는 근거를 찾은 단계이자 스스로의 목적을 성취한 상태를 말한다. 예를 들어, 소비자에게 상품의 목적은 밀가루다. 그러므로 밀에게는 밀가루가 되었을 때의 상태가 대자 존재의 상태인 것이다. 밀을 빻아도 즉자 존재에서의 밀과, 대타 존재에서 밀 모두에 있어서 부정될 수 없는 사실은 밀이 지닌 탄수화물과 약간의 단백질이라는 영양소이다. 이는 계속된 변화 중에도 보존된다. 대자 존재인 밀가루는 변화 중에

도 변치 않는 밀의 특성을 간직하면서 탈곡된 상태의 밀알(대타 존재)을 부정하여 가공을 거쳐 이른 것이다.

헤겔은 이와 같이 일련의 부정을 통해 어떤 존재가 변화할 수 있는 원동력을 간직하면서 즉자 존재에서 대타 존재, 대자 존재에 이르는 과정을 운동으로 설명한다. 이 운동은 결국 대자 존재에 이르는 변화를 말한다.

변증법 (Dialektik)

변증법은 만물이 끊임없이 변화하는 과정에 있다고 본다. 보통 사물의 변화 원인을 변화 밖에 있으면서 자신은 움직이지 않는 신과 같은 존재에서 찾았던 경향과 달리, 변증법은 그 변화의 원인을 자기 내부에서 벌어지는 자기 부정의 힘에서 찾는다. 헤겔은 이 힘을 모순이라 칭했다.

만물은 모순을 해결하는 방향으로 운동한다. 변화의 결과물은 또 다른 변화의 출발점이 되며, 변화는 최고의 지점에 도달할 때까지 계속된다. 헤겔은 이러한 변화의 과정을 '즉자–대타–대자', 혹은 '긍정–부정–부정의 부정'이라는 표현으로 설명한다. 예를 들어, 꽃이 즉자 상태라면 꽃의 떨어짐이 대타 상태이고, 이로부터 더 나아간 대자 상태가 열매 맺음이다. 이러한 방식으로 사물이 운동하고 세계가 변화한다고 헤겔은 보았다. 헤겔의 변증법은 이후 헤겔 좌파 철학자들을 거쳐 칼 마르크스에게 큰 영향을 주었다.

| 매개 (Vermittlung) |

매개는 변증법적 운동을 설명하는 중요한 개념이다. 사물은 고립되어 독립적으로 있지 않고, 다른 사물과 상호 관련 속에서만 존재하고 스스로를 성립시키며, 또 그 속에서 변화해 간다.

매개는 사물과 사물의 연결을 말한다. 헤겔에게 매개는 자기 안에 자기와 다른 상태가 내포되어 있다는 사실을 깨닫는 것을 의미한다. 예를 들어, 나 자신을 알기 위해서는 나의 상태를 단순히 점검하는 것에 그칠 수 없다. 내가 경험한 일들을 되짚어 보며, 실제로 더 많은 경험을 행하면서 나는 나 자신을 안다. 여기서 내가 경험한 많은 일들은 나를 알기 위한 매개라고 할 수 있다. 나는 나를 직접적으로 알기보다는 경험이라는 매개를 거쳐서 보다 정확하게 나를 알 수 있다.

| 부정 (Negativität) |

헤겔은 부정을 전면적인 부정으로 이해하지 않는다. 전면적인 부정은 모든 것을 완전히 부인하는 것을 말한다. 그러나 헤겔이 설명하려는 부정은 특정한 상황을 부정하여, 그 국면을 해소하려는 부정이다. 그러므로 완전히 부정하여 모든 것을 파괴하려는 것이 부정의 목적이 아니다. 헤겔이 말하는 부정은 어떤 내용을 변화시키려는 것을 말한다. 예를 들어, 전화기의 부정은 전화기 없음이 아니라, 소통의 확장을 의미하는 것이다. 음성 통화만이 아니라 텍스트 소통도 가능하게 하는 문자 수송신 기능까지 첨부된 전화기의 진화가 헤겔이 말하는 부정이다.

그러한 이유로, 내용이 없는 부정은 있을 수 없다. 오히려 부정을 거듭할수록 설명은 풍부해지고, 새로운 내용을 획득한다. 헤겔이 말하고자 하는 부정의 진정한 의미는 우리가 어떤 사물을 정의할 때 사물이 지닌 여러 요소를 분명하게 해 준다는 데 있다. 부정을 통해서 사물이 지닌 내용은 선명하고 풍부해진다. 또한, 부정은 언제나 새로움을 생산한다. 부정은 부정 이전과 이후가 다른 결과를 이끌어 내며, 이전보다 더 고차적이며 풍부한 것을 산출한다.

| 자기의식 |

자기의식은 《정신현상학》에서 논의하는 의식의 두 번째 단계다. 자기의식이 의식하고자 하는 대상은 바로 자기 자신이다. 헤겔이 말하는 의식의 발전 과정은 인간의 성장사와도 비슷하다.

자기의식은 사춘기 인간의 상태와 유사하며, 자기가 누구인지 묻고 자기에 대해 확실히 알고 싶어 한다. 그러나 자기를 알려고 하는 자기의식의 목적이 단지 '자아=자아'라는 동어 반복적 확인을 하려는 것은 아니다. 자기의식은 변화하는 운동의 과정을 거치면서 다양한 경험을 통해서, 자기에 대한 앎을 이룬다.

헤겔은 자기의식의 가장 단순한 형태를 '욕망'에서 발견한다. 욕망이야말로, 정적인 상태에서 벗어나 바깥으로 나가려는 욕구이며, 헤겔에게는 자기를 알려는 가장 기초적인 출발점이다. 욕망의 추동을 거쳐, 나와 마찬가지로 욕망하는 또 다른 나의 발견으로 나아간다. 자기의식의 자기 확신은 나와 같은 욕망을 지닌 또 다른 자기의식에게 인정받을 때 가능하다.

| 이성 |

욕망과 정념이나 감각과 대비하여 이성은 보통 밝고 깨끗한 인간의 본성으로 제시되며, 그리스어의 로고스(logos), 라틴어 라티오(ratio)에는 비례·균형이라는 의미가 포함된다. 이성은 인간의 개념적·논증적 능력이다. 칸트와 헤겔에 와서 이성은 오성과 좀 더 구분되어 사용된다. 오성이 감각의 다양성을 개념적으로 통일하는 인식 능력이라면, 이성은 판단과 관련하며 개념적으로 대립하는 입장을 초월하여 살아 있는 통일을 일으키는 제약 없는 인식 능력으로 제시된다. 이성은 또한 우주를 지배하는 근본 원리라는 의미로도 사용되는데, 헤겔은 역사가 자신의 목적을 실현하는 과정에서 이러한 이성적 원리가 구현된다고 하면서, 이것을 세계정신이라고 부른다.

| 절대 이성 |

절대 이성은 어떤 것과도 비교 불가능하다는 것을 의미하는 절대와 이를 논리적 체계로 완성하는 힘이라는 이성의 통일이다. 이러한 절대 이성은 변증법에 의해 도달하는 최고의 지점이며 더 이상의 변화가 필요 없는 최고의 위치다. 이성이 지향하는 목적의 완수가 절대 이성인 것이다.

절대 이성은 형상인, 질료인, 작용인, 목적인이라는 네 가지 원인론을 주장한 아리스토텔레스 철학의 영향을 받았다. 사물들은 끊임없이 변화하는데, 우리는 그 변화하는 사물에 대해서 다음 네 가지 질문을 할 수 있다. 그것은 무엇인가?(형상인) 그것은 무엇으로 만들어지는가?(질료인) 그것은 무엇에 의해 만들어지는가?(작용인) 그것은 어떤 목적을 위해 만들어지는가?(목적인) 예를 들어 의자를 들자면, '의자는 가구이다. 나무로 만들어졌다. 목수에 의해 만들어졌다. 사람들이 앉기 위한 것이다.'라고 이해할 수 있다.

헤겔은 아리스토텔레스의 4원인을 재해석하여, 절대 이성을 일종의 목적의 원인으로 상정했다. 이성은 형태만을 갖춘 시원에서 출발해, 자신의 구상을 현실적으로 실현하여, 최초의 형상을 드러나게 하면서 목적을 이루어 자신을 완성한다. 이 완성된 이성이 바로 절대 이성이다.

정신

정신은 의식이 성장해서 이른 최고 단계이다. 정신은 세계와 내가 구별되지 않고 하나가 되어 통일을 이룬 상태다. 정신은 참과 거짓을 구분하는 이성을 거친 후 도달한다. 그러한 정신은 살아 있는 활력과 생명이다. 정신은 힘과 에너지를 가지며, 끝없이 이어지는 생명 활동이다. 넓게 보았을 때, 헤겔에게 정신은 목적을 가진 자연 전체를 말한다. 이러한 정신은 참과 거짓을 판단하는 이성이나 마음(mind)의 개념과는 달리, 실재로서 유기적으로 살아 존재하는 세계 전체를 뜻한다.

주인과 노예의 변증법

주인과 노예의 변증법은 내가 나라고 확증하기 위해 필수 불가결하게 거쳐야 할 단계다. 헤겔은 이전의 철학적 전통과 달리, 내가 나임을 확실하게 하기 위해서는 내 자신만의 확신뿐 아니라 나만큼이나 자기를 확인하길 원하는 타자에게 나의 존재를 확인받아야 한다고 설명한다.

이는 마치 사춘기 시절의 청소년들이 자기에 대한 확인을 또래 친구들로부터 인정을 받아서 하는 것과도 같다. 인정을 받기 위한 이러한 노력이 인정 투쟁이다. 인정 투쟁에서 승리한 자가 주인이며, 패배한 자가 노예다. 주인은 인정보다 중요한 것은 없으며, 인정받는다면 죽어도 좋다고 외친다. 반면에 노예는 처음에는 인정을 받고 싶었지만, 인정을 위해 자기 목숨을 내놓을 자신은 없다.

이러한 주인과 노예의 변증법은 자립성과 비자립성, 자유와 비자유, 그리고 죽음과 생명을 걸고 싸우는 투쟁인 것이다. 이것이 인정 투쟁이다. 주인과 노예의 변증법은 헤겔의 《정신현상학》에서 가장 유명한 내용이며, 이후 여러 철학자들이 인용하고 확대하고 확장한 것이기도 하다.

이 변증법에서 중요한 것은 우선적으로 죽음도 불사할 만큼 자유를 추구하는 주인이 인정받고 자립성을 얻는 승리로 귀결되는 듯하지만, 일종의 반전이 일어난다는 점이다. 그것은 노예의 패배가 실은 주인에게로의 복종이 아니라 생명을 더 중요하게 여기는 삶에 대한 강한 욕망임이 밝혀지기 때문이다.

그 결과 인정 투쟁은 처음에는 굴종의 삶을 살지만 노동의 가치를 발견하고, 스스로 자기를 반성해 자신의 존재를 확증하는 노예의 승리로 귀결된다. 이 점에서 주인과 노예의 투쟁은 노예가 나임을 확증하는 변증법적 운동 과정이라고 할 수 있다. 헤겔이 주장한 노예의 승리는 특히 마르크스에게 영감을 주어 자본주의(주인)를 극복하고 노동자(노예)가 승리한다는 논리의 근간을 이루게 된다.

| 지양 |

지양은 변증법적 운동과 변화 과정에서 사물 스스로가 부정하면서 보존하는 것을 말한다. 지양의 첫 번째 단계는 우선 현재의 상황을 부정하며 다른 상황으로 변화하는 것이다. 두 번째 단계에서 지양은 변화한 상황이 앞서 부정했던 그 상황에서 비롯된다는 사실을 깨닫는 지점에서 일어난다. 여기서 지양은 자신이 부정했던 것을 변화시킬 뿐만 아니라 보존하는 운동이 된다. 예를 들어 생각해 보면, 청소년의 상태를 부정함으로써 어른의 시기로 넘어가지만, 어른이라고 해서 청소년 단계에서 성취했고 이룩했던 것이 사라지는 것은 아니다. 뼈마디가 더 굵어지고 신체가 변했다고 해도, 2차 성징과 같은 청소년 시기 신체의 특징적 요소는 사라지지 않고 달라질 뿐이다. 이러한 달라짐과 보존이 지양 개념이 지닌 주요한 특징이다.

| 소외 |

소외의 독일어는 entfremdung이다. 이 단어는 분리·이탈·이질화를 의미하는 접두어 ent와 이질·낯섦·무인연·무관계를 의미하는 형용사 fremd가 결합해서 이루어진 것이다. fremd라는 독일어 형용사는 일반적으로는 알지 못하는 사람과 사물, 이방인과 이형의 것에 대해 사용된다. 소외는 인간관계에서는 사람과 사람이 신뢰하는 관계를 맺지 못하는 상태를 뜻한다.

헤겔은 《정신현상학》에서 소외를 우선 자기의 본질에서 벗어나 자기를 부정하는 단계에서 사용한다. 이 점에서 소외는 우선적으로 자기를 부인하고 자기로부터 탈각되고 떨어져 나가, 예전의 자기를 타자처럼 이해하는 것을 말한다. 또한 소외는 사람이 자신이 만든 사물(물건)을 소유하지 못하고, 향유하지 못하는 바를 의미하기도 한다.

| 역사 철학 |

헤겔은 철학을 운동하는 사유의 체계로 이해하고 있다. 독일 관념론에서 헤겔이 지닌 독창성은 바로 변화하는 시간의 의미를 사유 속에서 부여했다는 점에 있다. 사유의 운동은 죽어 있는 것이 아니라, 시간의 질서를 가진다. 철학은 한 세대에서 끝나는 것이 아니라 유구히 흐르는 생명의 흐름과도 같다. 그에게 철학은 단순히 세계 너머의 본질을 파악하는 것만이 아니라, 특정한 시간 안에서 세계의 변화를 파악하는 것이기도 하다.

시간과 더불어 변화하는 사유의 운동은 어떤 목적을 완성하는 단계를 밟아 가는 것이기도 하다. 헤겔은 사유의 운동 과정을 개별로서 한 개인의 사유가 아니라 일반으로서 개인의 사유의 운동으로 이해한다. 이 점에서 운동하는 사유의 과정은 인류의 역사 과정이며, 사유의 체계인 철학은 역사와 밀접한 관계를 지닌다. 헤겔에 와서야 비로소 철학은 인간의 역사라는 틀 안에서 사유를 변화하고 운동하는 역동적인 것으로서 조명하는데, 이것이 그의 역사 철학이다.

| 현상학 |

현상학이라는 말은 독일의 철학자 람베르트(J. H. Lambert)가 1764년에 《신기관》이라는 저서에서 처음으로 사용한 용어다. 현상학은 인간이 세계를 감각하고 이를 인식하는 구조를 탐색하고, 인식 구조에 의해 나타난 사상(事象, 사물과 현상)을 연구 대상으로 하는 학문이다.

헤겔은 이와 같은 전통을 받아들이지만, 현상과 현상학의 의미를 확장한다. 그에게 우선 현상학은 변치 않는 본질과 대응하는 현상(現象)에 관한 학문을 뜻한다. 여기서 현상을 뜻하는 단어 'phenomenon'은 '보이다(show)'라는 뜻인 그리스어 'Phainein'에서 유래한 것이다. 그러므로 현상은 보여지는 것으로 나타나기에, 인간의 감각으로 파악할 수 있다.

현상은 우리가 지닌 인식의 구조를 통해 파악하기 때문에, 인간이 인식한 것을 그대로 반영한 세계다. 예를 들어, 개가 보는 세상은 흑과 백 외에는 없는 세계다. 그러나 인간은 총천연색으로 세계를 감지한다. 인간은 자신이 볼 수 있는 방식으로서만 세계를 현상할 수 있다. 그러므로 인간의 감각 기관으로 감각한 세계가 현상이다. 그러한 이유로, 우리가 인식한 현상이 실재의 세계와 일치한다는 보장은 없다. 현상은 언제나 우리가 파악한 방식으로 보이는 세계이기에 본래부터 존재하는 세계의 본질을 전제하게 만들어 관념론의 근거를 마련했다.

하지만 헤겔은 현상을 우리가 세계를 파악하는 가장 중요한 시작 지점인 경험의 차원에서 접근한다. 이때 현상은 세계의 본질과 분리된 것이 아니라, 본질을 알기 위해 필요한 필수적인 요소가 된다. 그러므로 인간이 파악한 현상은 가짜의 세계가 아니라, 인간이 세계의 본질과 진실을 알기 위해 겪는 경험의 과정 속에 있는 단계적 인식인 셈이다.

1. 이 책은 *Phänomenologie des Geistes*(Suhrkamp Verlag GmbH; Neuauflage. edition, 2008)를 주된 텍스트로 사용했으며, 국내 번역본으로는 《정신현상학 1》(임석진 옮김, 한길사, 2005)을 참고했다.

2. 이 책은 《정신현상학》의 형식은 그대로 유지했으나, 독자들의 이해를 돕기 위해 원문에는 없는 몇 개의 소제목을 달아 내용을 구분했다. 원문이 너무 길고 이해하기 어려워, 원문의 분량을 최소화하고 풀어쓴 이의 설명을 최대한 쉽고 자세히 하려고 노력했다. 번역은 가급적 원문을 충실히 따르되, 난해한 부분은 내용을 훼손하지 않는 범위에서 일부 의역하거나 삭제하기도 했다.

3. 이 책은, 먼저 본문에 들어가기에 앞서 중요한 용어에 대한 설명을 맨 앞에 달아서 배경지식을 가질 수 있도록 했다. 각각의 장 앞에 전체 내용의 이해를 돕기 위한 줄거리를 정리해 놓았으며, 원문 앞뒤로 풀어쓴 이의 설명을 충분히 달아 독자들의 이해를 돕고자 했다. 원문과 풀어쓴 이의 설명은 다른 색으로 구분했다.

4. 원문 중에 설명이 필요한 용어나 문장에는 풀어쓴 이가 괄호 안에 내용을 덧붙였다.

《정신현상학》을 이해하기 위한 첫걸음

《정신현상학》의 중심 개념은 제목에 나와 있는 그대로 정신이다. 여기서 정신이란 무엇인가? 헤겔이 설명하는 정신은 인간이 지닌 관념(사고 능력)의 산물만을 뜻하지 않는다. 정신은 우리의 삶과 관련이 없거나, 항상 정적인 형태를 지닌 변화하지 않는 관념의 축적물이 아니다.

헤겔의 시대만이 아니라 오늘날도 그러하지만, 흔히 정신과 육체의 이원론을 가정한다. 여기서 정신은 지식을 파악하는 인식과 사유하는 사고 능력을 뜻한다. 하지만 헤겔은 정신을 선천적으로 주어진 이성의 능력으로만 한정하지 않는다.

헤겔은 정신을 움직이며 변화하는 활력을 지닌 힘이라고 보았다. 정신은 생동하고 움직인다. 헤겔에 따르면, 정신은 총체적이고 전체적인 것이다. 이러한 정신의 능력이야말로, 역동적인 삶을 살아가는 인간의 지식과 경험을 완전하게 파악할 수 있는 것이다. 나아가 이 정신은 개별적인 인간의 정신으로 한정 지을 수도 없다. 정신은 인간 전체를 아우른다. 그러한 점에서 정신은 무엇보다도 한 시대를 함께 살아가는 동류의 인류만이 아니라, 시간의 전체 축을 포괄하는 역사 안에 있다. 그러한 이유로 헤겔은 인류의 역사를 변화하는 정신의 역사라고 말한다. 역사는 정신이 발전하면서 최고의 상태에 도달하는 과정에 다름 아니라는 뜻이다.

이런 까닭에 《정신현상학》은 인간이 위대한 정신을 갖게 되기까지 어떤 과정과 경험을 하는가를 다룬다. 헤겔에 따르면 철학의 과제는 어떻게 인간이 이 위대한 정신을 갖게 되었는지를 밝히는 것이며, 《정신현상학》은 이러한 철학적 과제를 탐구하는 과정을 다룬 책이라 할 수 있다.

한 인간의 삶을 되돌아보았을 때, 우리 역시도 어떤 대상이나 세계를 이해하기 위해서 다종의 경험을 한다. 이와 마찬가지로 역동적인 힘인 정신 또한, 다양한 경험을 거치면서 변화하고 성장한다. 《정신현상학》은 한 개인의 관념에서 출발해, 그가 더불어 사는 공간과 시간을 포괄해 전체 인류의 정신으로 참여하고 발전하는 경험의 여정을 그려 낸다. 그러하기에 《정신현상학》은 이 경험의 과정에서 생겨난 변화의 분기점을 중심으로 그때마다 나타나는 다양한 구체적인 상황이나 사태와 현상을 정밀하게 분석하고 연구해서, 하나의 개인인 내가 우리 전체인 절대 정신까지 어떻게 도달할 수 있는지 그 과정을 밝힌다.

이 과정을 밝히는 《정신현상학》을 통해 결국 헤겔이 도달하려는 최종 목표는, 우리가 정신을 운동하며 변화하며 삶의 맥박과 함께 살아

숨 쉬는 것으로 이해하는 것이다.

의식이 정신으로 성장하는 과정을 다루는 학문

헤겔은 《정신현상학》의 부제를 '의식의 경험의 학'이라고 붙인다. 이는 《정신현상학》의 전개 과정이 인간이 세계를 인식하는 능력인 의식의 성장사라고도 할 수 있기 때문이다.

나중에 자세히 설명하겠지만 인간의 무언가를 알 수 있게 하는 능력인 의식이 곧 정신을 뜻하지는 않는다. 의식은 그 최고 단계인 정신으로 성장해야 한다. 그러니 정신의 입장에서 의식은 아직 많은 변화가 필요한 미성숙한 처지일 뿐이다.

여기서 변화는 아직은 미성숙한 의식이 성숙한 정신으로 성장하면서 겪는 운동의 과정을 의미한다. 의식은 변화의 과정을 거쳐야 하며, 이 과정은 다양한 경험으로 다채롭게 펼쳐진다. 그 과정에서 의식은 문제 상황과 부딪쳐 고민하고 극복하고 해결해 나가면서, 점차 보편적인 정신으로 발전한다. 이 점에서, 《정신현상학》은 마치 의식이라는 어린아이가 정신이라는 어른으로 자라기 위해 겪는 성장의 고통과 아픔, 극복 과정 등등이 어우러진 성장 소설과 비슷한 구조를 갖는다.

이 과정은 《정신현상학》의 구성을 통해서도 쉽게 알 수 있다.

1. 의식

   1) 감각적 확신

   2) 지각

   3) 오성

2. 자기의식

3. 이성

4. 정신

5. 절대 정신 *

   정신으로 성장하는 과정은 우선 세계를 지각하는 의식에서 출발한다. 그러고 나서 내가 누구인지 묻는 자기의식의 단계를 거치며, 나 이외 다른 사람들과 제도 등을 탐구하는 이성의 단계를 거쳐 마침내 정신에 이른다. 하지만 의식 → 자기의식 → 이성 → 정신으로 발전하는 과정은 결코 단순하지 않다. 헤겔이 보여 주는 이 과정은 아주 정교하고 복잡한 논증과 논리를 동반한다. 그런데 그 내용을 읽고 이해하는 것 자체가 지극히 난해하고 어렵다는 것이 《정신현상학》의 악명을 드높인 가장 큰 이유이기도 하다.

---

* 이 책에서는 《정신현상학》의 전체 구조를 이해하고 자기의식에 이르는 과정에 중점을 두었기에 절대 정신에 대해서는 크게 다루지 않는다.

의식은 경험을 통해 성장한다

앞에서 이야기했듯, 의식은 막 태어나 세상에 던져진 상태로부터 정신에 도달해야 한다. 정신은 유아기, 사춘기, 청년기, 중장년기, 노년기를 거쳐 일종의 완성 상태인 정신에 이를 수 있다. 이 점에서 《정신현상학》은 의식의 성장사라 할 수도 있는데, 의식이 정신으로 성장하기 위해 제일 중요한 것은 바로 경험이다.

경험은 의식의 변화를 추동하는 원동력이다. 의식은 마치 아직 성장하지 않은 어린이와 같다. 어린이처럼 의식 역시 보다 다양한 경험을 하면서 성장한다. 예를 들어, 아무 생각 없이 나무 위에서 뛰어놀던 아이가 나무에서 떨어져 다리가 부러졌다고 하자. 부상을 겪어 본 아이는 나무에서 놀 때 이제는 조심스럽게 나무를 대한다. 경험을 거치면서 아이는 다치지 않으면서 나무에서 노는 법을 알 것이다.

이렇듯 경험을 통해서 우리는 이미 알고 있던 사실에서 벗어나 새로운 앎을 얻으며, 기존의 잘못 알고 있던 사실에서 벗어난다. 말하자면 경험은 변화 없는 동일한 상태에 머무르게 하지 않고, 경험 이전과 이후의 삶을 대하는 방식을 달라지게 한다. 이 점에서 경험은, 간격인 차이를 제공하는 것이다.

그러면 의식은 가장 먼저 무엇을 통해 경험을 하고 알게 되는가? 헤겔은 인간이 어떤 사물이나 세계를 아는 것은 모두 감각을 통해서라고 말한다. 말하자면 의식은 우리의 오감을 통해 들어온 여러 사물이나 사건에 대한 정보나 이미지를 얻는 경험을 한다. 이렇게 오감을 통해 정보나 이미지를 확보하는 능력을 감각이나 감성이라 부른다.

의식은 가장 먼저 감각을 통해 어떤 사물이나 사건을 인식한다. 문제는 이렇게 얻은 지식이 그 대상을 정확하게 파악할 수 있느냐, 그 대상에 대한 확실한 지식이 될 수 있느냐는 점이다. 의식은 오감이자 감각을 통해 확보한 지식이 불확실하다는 점을 머지않아 눈치챈다.

곰곰이 생각해 보면 우리도 알 수 있듯이, 감각은 우리를 속일 수 있다. 물을 가득 채운 수조 안에 막대기를 넣으면 막대기는 구부러져 보이며, 오렌지를 먹은 후 마시는 커피는 전보다 쓰게 느껴진다. 감각은 개별적 사물이나 사건 각각에 대해서 다만 주관적이며 특수한 정보나 이미지를 받아들이게 할 뿐이다. 그래서 나 혼자만이 아니라 누구나 그리고 항상 인정할 수 있는 보편적인 차원에서의 참인지 아닌지는 감각을 통해 보장할 수 없다.

감각으로 얻은 지식이 참인지 아닌지를 알 수 없는 의식은 이 문제를 해결하기 위해 여러 측면에서 그것을 분석하고 검증하려 한다. 이런 분석과 검증의 과정을 통해, 의식은 감각을 통해 확보한 지식은 불완전할 수밖에 없다는 점을 깨닫는다.

의식은 감각이 아니라, 인간이 지닌 또 다른 인식 능력인 지각이나 오성으로 이 문제를 해결하려고 한다. 지각이 사물이 지닌 이치나 속성을 파악하는 능력이라면, 지성이라고도 부르는 오성은 직관적으로 인식하는 감각과 다르게, 추론하고 개념을 구성하는 인식 능력을 말한다. 지각을 거쳐 오성까지 동원해 의식은 인식하는 대상으로서의 세계가 참인지 아닌지를 검토한다. 하지만 그 시도 역시 결국 실패로 끝나고 만다. 그 이유는 다음과 같다. '나는 생생한 감각으로 세계를 느끼고 이해한다. 그런데 이러한 내가 실상은 꿈꾸고 있는 상태라면 이 세계에 대한 앎은 참된 것인가? 세계를 감지하고 이해하기 이전에, 내가 꿈꾸고 있는지 깨어 있는지를 먼저 검토해야 하지 않을까?'

이렇게 되자 의식은 인식 대상이 아니라 그것을 인식하는 주체인 자신에게로 눈을 돌려 내부에서 해답을 찾으려 든다. 말하자면 의식은 어떤 대상을 인식할 때, 인식한 것이 참인지 거짓인지를 알려면 인식의 주체인 의식을 거치지 않으면 안 된다는 점을 발견한다. 예를 들어, 안경을 쓴 사람이 밖의 풍경을 볼 때, 안경의 도수가 맞지 않는다면 밖의 풍경은 제대로 보이지 않고 다소 흐릿하게 보일 것이다. 내가 본 게 맞다는 무조건적인 확신이 아니라, 내가 보고 있는 방식과 도구인 안경을 검토해야 참인지 아닌지를 파악할 수 있다. 검토의 과정을 통해서 비로소 우리는 세상을 제대로 볼 수 있다. 참된 지식을 얻을 수 있는 것이다.

이제 의식은 의식 자기 자체를 대상으로 삼아 다시 분석과 검증의 과정을 벌여 나간다. 이렇게 자신의 의식을 대상으로 삼는 의식을 자기의식이라고 한다.

이제 의식은 자기의식이라는 단계에 이른 것이다. 헤겔에 따르면 자기의식은 자기에 관한 확신에 다름 아니다. 그러나 확신은 혼자서는 결코 얻을 수 없다. 확신은 타인과의 관계를 거쳐야만 가능하다. 또한 나 아닌 다른 사람 역시, 자기를 확신하고자 하는 자기의식이다. 각각의 자기의식은 다른 자기의식과 자신을 비교하고 관계를 맺어야만(이것을 헤겔은 매개라고 부른다) 그 정체성을 확인할 수 있다.

다시 말해, 나 아닌 다른 의식 역시 자기 자신을 확증하기 위해 같은 과정을 거쳐야 한다. 자기를 확신하는 자기의식의 인정은 내가 나를 인정하는 것만이 아니라, 내가 타인에게도 인정받아야 하며, 이러한 인정을 그 타인에게도 똑같이 해 주는 상호 인정의 방식일 수밖에 없다. 이렇게 서로 다른 인간들 사이의 인정 경험을 헤겔은 '인정 투쟁'이라 부른다. 인정 투쟁의 과정을 거치면서 자기의식은 다른 사람의 자기의식과 연결된다.

이러한 연결망은 사회적 관계인 공동체로 발전하며, 각 자기의식은 우리 모두의 역사 속에 참여한다. 자기의식은 개인이 아니라, 자기의 삶과 공동체 삶의 동시적인 발전을 열망하는 '사회적 의식'으로 변모한다. 이런 의식의 발전 과정에서, 의식은 맨 처음 출발 단계의 의식과 자기의식을 모두 분석하고 종합하기에 이른다.

종합의 상태, 의식과 자기의식의 통일이 바로 이성이다. 이성은 또한 개인의 의식과 사회적 의식의 통일이기도 하다. 그런데 이성은 사회적 의식이기도 한 자신의 상태를 아직 완전하게 파악하지 못한다. 이성의 단계에서의 인간은 아직 사회와 개인 사이에 놓인 간극을 극복하지 못한 상태에 머물러 있다.

이제 이성은 고된 경험과 고민을 거쳐, 그 간극을 극복하려고 한다. 사회와 개인 이 둘 사이가 통일되어 완수된 형태에 이르는 단계가 바로 정신이다. 그러므로 정신은 이성이 사회적 의식임을 자각한 상태라고도 말할 수 있다. 거슬러 올라가 다시 되돌아보면, 의식은 길고도 복잡한 경험의 과정을 거쳐 정신의 단계에 이르고, 마침내 사물과 사회 전체를 파악하는 절대적인 진리를 얻게 된다.

차이는 경험의 동력이다

이처럼 《정신현상학》은 의식이 정신으로 성장하는 기나긴 여정인 경험 전체를 다룬다. 《정신현상학》이 설명하려는 주제가 정신이라면, 이 정신의 경험은 변화의 양상을 드러내기에 무엇보다도 중요하다. 그렇다면 변화하는 경험을 이끄는 힘은 무엇인가? 힘은 각각 다름, 차이에서 나온다.

헤겔에 따르면 차이는 경험을 이끄는 가장 큰 역할을 담당한다. 우선 차이는 서로 무관해 보이는 다른 것들이 사실은 맞붙어 있고 상호 필요로 한다는 사실을 알려 준다. 예를 들어, 접시 위에 놓인 사과에 관해 생각해 보자. '사과'라는 개념은 '사과와 완전히 다른 것', '사과와 완전히 무관한 것'이라는 개념을 전제한다. 물론 사과는 절대로 사과가 아닌 것을 포함할 수 없다. 이러한 사실은 바로 사과가 자신과 완전히 다른 것과 구별되었을 때만 온전히 사과일 수 있음을 뜻한다.

헤겔이 말하는 차이는 바로 '사과가 아닌 것'을 의미한다. 자신이 아닌 것, 자신과 다른 것이 있어야만 사과는 온전히 자기일 수 있으며 자신의 경계를 분명히 가질 수 있다. 헤겔에 따르면, 다른 것과 구별 짓는 차이는, 경험을 가능하게 하는 변화를 일으키는 힘이다. 차이는 '같다'라는 동일성을 부정하면서 변화하지 않는 낡은 한계를 극복하기 때문이다. 그 상태에 똑같이 머물러 있지 않고, 그 상태를 파괴하는 힘이 바로 차이이다. 이러한 차이가 일으키는 변화는 처음 상태의 존재에 새로운 내용을 더하게 된다.

차이를 통해 헤겔이 강조하려는 사실은 모든 존재에는 그 존재 자체에 그것을 부정하려는 운동(힘)이 있다는 것이다. 이 부정하려는 운동이야말로 변화를 이끄는 원동력이며, 원래의 존재에 새로운 내용을 추가하면서 처음의 존재는 변화해서 새로운 상태로 된다는 논리다.

변화와 그 과정을 밝히는 논리를 헤겔은 '변증법'이라고 부른다. 사실 헤겔 하면 떠오르는 말이 변증법이라고 할 정도로 변증법은 유명하다. 흔히 정(正) → 반(反) → 합(合)이라는 단순 논리로 설명하고 있지만, 헤겔이 말하는 변증법이 그렇게 단순하지 않다.

차이로 인해 일어나는 변증법이라는 운동의 논리를 통해, 의식은 지금의 상태에 만족하는 상태를 부정하고 변화하며 성장하는 궤적을 그린다. 그 궤적의 끝에서 의식은 인간과 그와는 별개로 존재하는 분열된 세계라는 구도의 이원론을 극복하고 하나로 합쳐지는 통일에 도달하면서 정신으로 완성된다.

결국 의식이 경험을 통해 맞닿은 의식 외부의 세계는 주관의 인간과 분리된 낯설기만 한 객관의 존재가 아니다. 더구나 세계는 인간이 알기 위한, 인식의 대상만도 아닌 것이다. 인간은 알기 위해서 세계로부터 지식을 구한다. 하지만 이와 더불어 인간은 자신의 노동을 통한 활동을 펼치면서 세계를 경험하며, 세계에 인간의 의지와 목적을 실현한다. 세계 또한, 인간이 부여한 많은 의미를 통해서 보다 풍부해지고 다양해지면서, 이전에 존재하지 않았던 새로운 것들을 지니게 된다.

지금 우리가 사용하고 있는 스마트폰은 세계에 원래 있었던 것이 아니다. 또한, 인간이 누리고 있는 문명 세계와 그로부터 파생된 인공물들은 세계가 우리에게 제공한 것이 아니라, 인간이 알기 위해 노력하는 과정에서 새롭게 창조한 것들이다. 스마트폰이 인간의 활동에서 비롯된 창조물이듯이 인간은 의식의 경험 과정을 거치면서, 세계에 자신의 행위를 펼쳐 내는 실천을 실행한다. 이제 세계는 인간(인간 정신)이 개입하는 실천의 영역이 된다.

노동은 인간과 세계를 연결한다

《정신현상학》을 통해 헤겔은 인간과 세계가 아무런 상관이 없는, 각기 무관한 채 존재하지 않는다는 사실을 밝힌다. 그는 인간과 세계를 연결하는 필연성과 목적성을 우리가 이해하고 그 의미를 공유하는 것이 얼마나 중요한지를 역설한다. 인간과 세계, 이 둘의 만남은 우연하게 일어나는 현상이 아니라 필연적인 관계 맺음의 과정에서 생겨난 것이다. 이 둘을 연결시키는 매개가 바로 인간의 노동이다.

인간의 측면에서 보자면, 인간은 노동을 통해 그 자신이 지닌 목적과 구상을 자연에서 실현한다. 자연의 측면에서 보았을 때, 노동으로 인해 세계이자 자연은 새로운 형식을 부여받는다. 또한 무엇보다도 노동의 과정을 거치면서 인간은 자신을 이해한다. 노동은, 인간이 자신마저 외부의 대상으로 객관화하여 자신을 주조할 수 있게 하고, 또 이를 반추하는 과정을 거치면서 스스로를 새로이 창조하게 만드는 역할도 한다. 이 점에서 보면 노동은 의식에서 정신으로 성장하는 과정에서 가장 중요한 매개 역할을 담당하는 것이다.

노동을 매개 삼아 주관과 객관, 다시 말해 인간과 세계가 서로 만나 일치에 도달한다. 이렇게 세계와 인간이 일치를 이루어 하나로 통합이 이루어지면서 의식은 성장하고 발전해서 정신에 이른다.

앞에서 살펴보았듯이, 미약한 의식은 경험하는 과정에서 그와 다른 차이를 원동력 삼아 운동하고 변화하는 여행을 떠난다. 의식이 정신으로 성장하는 이 과정은 매우 어렵고도 긴 여정이다. 하지만 이 여정을 차근차근 따라가다 보면 헤겔이 구상했던 지식의 지도, 학문 (철학)의 지도가 그려지는 즐거움을 맛볼 수 있을 것이다.

1장 의식

헤겔은 인간 정신의 출발점을 의식이라고 본다. 이때 의식이란 어떤 것을 감지하고 인지하며 이해하는 능력을 뜻한다. 인간의 의식이 사물을 이해하기 위해서 제일 먼저 실행하는 일은 감각을 통해 일어난다. 그 이유는 감각이 가장 먼저 의식 외부의 세계인 대상을 받아들이기 때문이다.

감각은 다섯 가지 감각인 오감으로 실행된다. 어떤 대상을 감각을 통해서 인식하여 알게 된 지식을 헤겔은 감각적 지식이라 설명한다. 하지만 의식은 감각만을 가지고 대상의 전부를 파악할 수는 없다. 감각은 우리로 하여금 그저 세계가 어떠어떠하다고 받아들이고, 아는 상태에 머물게 할 뿐이다.

또한 감각은 종종 우리를 착각하게 만든다. 철길에 서서 멀리 철로 끝을 보면, 철로는 한 점으로 수렴하는 것처럼 보인다. 그러나 실제로 두 철로는 평행하게 있다. 우리가 보는 대로 철길이 존재한다면, 결코 기차가 갈 수 없다. 그러한 철길 위로 달리는 기차는 탈선할 것이 분명하기 때문이다. 이처럼 감각은 특수한 사례에서는 참일 수 있으나, 우리를 기만하기도 한다. 그러므로 감각은 지식의 항상성을 보장하지 못한다.

인간은 이러한 감각적 지식만으로는 세계에 의미를 부여할 수 없다. 인간은 세계를 감지하는 것에서 나아가, 세계가 인간에게 어떤 의미를 지니는지를 생각해야 진정으로 안다고 할 수 있는 존재다. 하지만 감각적 지식은 마치 식물이 빛에 끌려 줄기를 뻗는 굴광성과 다를 바 없는 수동적인 앎이다.

이런 상태에서 인간은 그저 생물학적인 조건에 머물러 존재할 뿐이지 자신의 능동성은 발휘할 수 없다.

헤겔은 위와 같은 감각적 지식을 그저 '있음'이라고 칭한다. 감각적 지식에서 의식은 사물을 그저 지각하고 느끼는 상태에 머물 뿐이다. 이러하기에, 헤겔은 의식의 상태를 결국 아무것도 없음, 다시 말해 '의미 없음'이라는 뜻에서 무(無)라고도 설명한다.

헤겔의 체계에서 감각적 지식은 다른 것과 관계를 맺지 않는 수동적 자세를 취하는 동시에, 자기와 다른 차이를 받아들이지 않는다. 계속 차이를 받아들이지 않고 아무런 관계를 맺지 않는다면, 결국은 어떠한 경험도 얻을 수 없다. 경험 없는 의식은 변화 불가능하며, 결국 의식은 성장하지 못한다.

이 단계에서 벗어나기 위해, 의식은 무던히 노력한다. 의식이 발견한 방법은 대상(세계)의 보편성을 찾아내면서 의미를 부여하는 것이다. 의식은 사물의 보편적 속성을 파악하는 능력인 지각의 힘을 끌어들인다. 예를 들어, 소금은 희고 짜며 정육면체라는 속성을 지닌다. 이 속성은 누구에게나 느껴지는 소금의 보편적 특성이다. 지각은 바로 소금이 가진 여러 가지 속성이 보편적이라는 점을 파악하는 능력이다.

그러나 지각은 속성들의 보편성을 나열만 할 뿐이다. 지식은 보편적 속성들을 종합하고 통일하는 것이 필요하다. 이 단계를 거쳐야만 그 사물만이 가진 구체적 진리를 제시할 수 있다. 우리가 짜고 희고 알갱이가 있는 속성을 지닌 사물을 '소금'이라고 부르기 위해서는, 그 다양한 속성을 소금이라는 개념으로 파악할 수 있는 상태가 필요하다. 이 상태는 소금의 속성과 이 속성을 파악할 수 있는 의식을 분리할 수 있을 때 가능하다. 이 상태는 오성의 능력으로만 가능하다. 오성은 대상과 그 대상을 인식하는 의식(또는 의식의 주체인 자아)의 관계를 파악하고 추론하는 능력인 것이다. 이제 의식은 오성의 능력을 통해 소금의 다양한 속성을 통일적으로 파악하여 비로소 지식을 얻는다.

이렇게 의식은 감각 → 지각 → 오성의 단계로 나아가면서 보편적 진리, 지식을 확보하기 위한 경험 과정을 겪는다. 이러한 경험의 과정은 세계와 의식의 주체인 자아가 맺는 변증법적 연관 과정이기도 하다. 이 둘의 변증법적 관계는 인간의 의식이 결코 대상(사물)과 분리되지 않고 묶여 있다는 것을 보여 준다. 그리고 의식은 세계와 자신이 묶여 있으나, 각기 다르다는 차이를 인식하면서 점차 성장해 나간다.

감각, 지각, 오성의 단계를 거쳐 얻은 감각적 지식은, 인간의 의식이 성장하는 시작점을 바로 감각에서 찾는다는 점에서 의미를 지닌다. 감각을 통해 세계(대상이나 사물)를 인지한다는 것이야말로 의식의 출발점이다. 의식이 성장하는 변화의 씨앗(계기)은 바로 최초의 감각적 경험 안에 들어 있다.

짧게 요약하면, 1장 〈의식〉은 감각적 경험에서 출발해 지각의 단계를 지나 '인식하는 의식 그 자체'인 오성에 이르는 과정과 궤적을 추적하는 내용으로 이루어져 있다.

1 감각적 경험과 지식

《정신현상학》은 난해하기 짝이 없으며 지독한 사변 철학으로 알려져 있다. 그러나 그의 철학적 여정은 의외로 단순한 상태인 감각에서 출발한다. 사실 헤겔의 목표는 우선 감각으로부터 시작해서 차례대로 단계를 밟아 가는 의식의 경험 과정을 밝히는 것이다. 의식은 경험하면서 각각의 단계에서 얻을 것과 극복할 것을 따져 간다.

이러한 헤겔의 방법이 낯설지 않은 까닭은 우리 역시 세계를 감각으로 감지하기 때문이다. 우리가 세계를 인식하는 최초의 방식은 감각에 있다. 감각을 가지고 느끼지 않는다면 우리가 세계를 어떻게 알 수 있겠는가. 그러니 세계를 직접적으로 지각하는 출발점을 감각으로 삼는 것은 매우 상식적이다.

우리의 대상이 되는 지식은 직접적인 지식이다. 이러한 직접적 지식에 대해 우리가 취하는 자세는 수용적인 태도밖에 없다. 우리는 이 지식에 대해 어떠한 가공도 할 수 없고, 그저 이해하려고 노력할 수밖에 없다.

직접적 지식은 아주 구체적인 내용을 가지고 있고, 감각적 확신을 담은 풍부한 원천이다. 이러한 지식의 내용은 무한한 보물 창고와도 같다. 지식의 내용은 너무 많은 보물이 담긴 보물 창고이기 때문에, 자세히 그 의미를 찾거나, 어떤 경우든 간에 우리는 그 끝을 다 알 수가 없다. 감각적 확신으로 직접적인 지식에 도달하려는 것은 참다운 인식으로 보일 수도 있다. 왜냐하면 파악하려는 대상에서 어떤 부분도 제외하지 않고, 오직 있는 그대로의 완전한 모습을 지닌 대상을 눈앞에 놓고 있기 때문이다.

우리의 앎은 보고 만지고 맛보고 느끼고 듣는 오감에서 시작한다. 의식은 우리의 감각 기관을 거쳐, 우리가 확실하게 느낀다는 사실에서 시작한다. 감각은 우리를 둘러싸고 있는 대상에 접근하는 경험의 장을 연다. 우리는 무한한 감각의 인상들을 느끼고 그 내용의 풍부함을 인식한다.

우리는 감각에서 얻어진 경험을 바탕으로 비로소 앎을 시작할 수 있다. 헤겔은 감각을 통해 인식하고 이로부터 감각 너머에 관한 물음까지 던지면서 감각적 지식을 얻어 가는 것을 "감각적 확신"이라 말한다. 우리는 이제 이렇게 물을 수 있다. 감각해서 알게 된 지식은 무엇이며 감각 너머에는 무엇이 있을까? 감각적 확신을 통해 알아낸 것은 무엇인가? 헤겔은 감각적 지식에 대한 정의와 그 한계에 관해 다음과 같이 말한다.

감각적 확신을 거쳐 알게 된 대상에 관해서 얘기할 수 있는 것은 다음과 같다. 대상, '그것이 있다'는 사실일 뿐이다. 이렇게 감각적으로 확신할 때 의식의 상태 역시 어떠한 내용도 새롭게 알게 된 것은 없다는 점에서, 순수한 자아이다. 이러한 자아는 순수한 '이 사람'이며, 대상도 순수한 '이것' 이상이 아니다. 감각적 확신을 하는 인식 활동을 하는 '이 사람'인 자아는 '이것'이 있다는 사실을 확신만 할 뿐, 다양한 사유 활동을 하지 않는다.

감각적 확신을 하는 나는 다른 것과 다양한 관계를 맺지 않는다. 감각적 확신에 따른 진리에서, 자아는 사물·사태와 다양한 연관 관계를 맺으려 하지 않는다. 또한 자아가 여러 가지 관념이나 사유에 매달리지 않는다. 그저 여기에 대상이 있다는 것만 안다. 이러한 감각적인 앎에서 '있다'는 것은 어떤 관계도 맺지 않는다는 점에서 직접적이며, 순수하고, 본질적이다. 마찬가지로, 사물이 여기 있구나라는 사태의 앎을 확신하는 자아가 대상과 맺는 관계 역시 직접적이고 순수하다. 의식은 자아이며, 순수한 '이 사람'이라는 것 이외에 다른 어떤 것도 아니다.

감각적 지식은 감각으로 알 수 있는 사물이 존재한다는 확신이다. 이 사물의 존재를 감지하고 아는 나는 더 복잡한 생각을 하지 않는다. 나는 사물에 관해 보다 자세한 상황을 알 수 없다. 이 정도가 감각적 지식이며, 감각이 일으킨 확신이다.

이러한 감각적 확신은 분명 우리에게 앎의 시작을 마련한다. 그러나 문제가 있다. 감각적 확신이 우리에게 던져 주는 지식은 그저 각각 '그것이 있다'라는 사실밖에 없다. 감각적 확신을 통해 우리가 '이것'으로 지칭하는 사물이 있다는 사실 이외에 알 수 있는 것은 없다. 사물에 대해 또 다른 내용을 인식하는 것도 불가능하며, 지식을 확대할 수 없다. 있다는 사실 외에 확인할 것이 더 없는 것이다.

의식은 사물이 있다고 감지하는 것 외에 하는 일이 없다. 이 상태에서의 나는 자신이 경험하는 바에서 더 나아가 인식하고 스스로 능동적으로 생각하는 활동을 행하지 못한다. 이런 의식 상태의 나는 어떠한 경험도 아직 하지 못한다. 헤겔은 이러한 의식의 무경험을 '순수하다'라고 칭한다. 또한, 사물이 있는 것만을 확신하고 경험이 없는 순수한 의식을 자아라고 칭하면서, 이 감각적 지식 상태의 자아는 스스로 행하지 못하고 수동적으로 받아들이기만 하며 단순하게 '이 사람'으로 칭해지는 존재라고 설명한다. 그는 마치 땅에 뿌리박힌 식물과도 같은 상태일 것이다. 받아들일 뿐, 더 이상 알 수 없다. 이로부터 지식은 나올 수 없다.

2 나는 감각적 지식을 수용한다

감각적 확신에 의해 얻어진 지식은 외부의 감각을 그저 받아들여서 생겨난 것에 지나지 않는다. 그런 차원에서 감각적 지식은 단지 수용해서 알게 된 것이다. 이 지식은 주어진 바를 받아들인 것이기 때문에 다시 반추할 필요가 없다.

내가 그저 수용하여 받아들인 감각적 지식은 직접적인 사실로 존재하는 것을 인식하는 것에 불과하다. 예를 들어, 지금 직사광선이 내 눈을 바로 비춘다면 나는 눈이 따갑다고 느낀다. 계속 그 자리에 서 있을수록 눈이 따갑다. 나는 눈을 뜰 수 없어 꼭 감고서 햇볕이 내 몸을 덥히는 것을 느낄 것이다. 그것 외에 아무것도 없다. 나는 그저 햇빛을 느낄 뿐이다. 이처럼, 우리의 몸에 작용하는 감각적인 느낌은 그 자체로 수용적이다. 즉, 내가 느끼고 싶은 대로 느끼는 것이 아니다. 그저 나는 감각적으로 자극된 느낌이 어떠하다고 인식할 뿐이다.

감각적 확신에서 비롯된 지식은 단순히 지각을 수용하면서 생겨난다. 여기에 기존의 지식을 적용하려는 노력도 없다. 의식이 감각적 지식만을 수용한다면 그저 수동적인 상태에 머물 것이다.

실제로 이처럼 단순한 사실을 확신하는 확실성은 가장 풍부하지 못한 빈곤한 의미의 진리이다. 왜냐하면, 결국 알게 된 것은 단지 '그것은 ~이다.'라는 단 한마디 말이기 때문이다. 순수한 것이란, 세부적인 내용이 담겨 있지 않은 지식이다. 그러한 지식을 아는 자아와 지식의 대상 역시도 아주 순수한 이것에 그칠 뿐이다.

결국 사물의 존재를 확신하는, 의식을 지닌 자아는 실상 어떠한 생각도 하지 않는다. 자아는 특별한 사유 활동을 하지 않고, 더 이상 그 대상을 알려고 노력하지도 않는다.

감각적 지식을 얻은 나는 다시 되짚어 보는 반성을 하지 않는다. 반성은 예전과 지금을 견주어 보고 사유하는 행동이다. 예를 들어, "아까 내가 느낀 태양 빛은 참 따뜻했지. 그런데 지금은 볕이 그렇게 따뜻하지 않네."라고 과거와 지금을 비교해서 생각해 보는 행위가 일어나지 않는다. 반성 없이 그저 지금 느껴지는 태양 빛의 따뜻함만을 느끼는 상태다. 감각의 충실함에서 비롯된 정도의 앎이 감각적 지식이다. 헤겔에 따르자면, 감각적 지식은 반성이 없다는 점에서 '직접적 인식'이다.

무엇보다도 먼저 또는 직접적으로 우리의 대상이 되는 인식은 그 자체로 직접적 인식에서 비롯하는 것이다. 직접적이라는 의미는 그 대상이 존재한다는 인식이다. 감각적인 지식의 단계는 '오직 그것은 있다.' 라고 하는 한마디다. 이 점에서 순수한 지식이기도 하고 직접적이기도 한 지식이 감각적으로 확신하는 진리를 구성한다. 복잡한 관계라고는 전혀 없는 순수한 관계만이 있다.

감각적 확신을 하는 의식 역시도 그냥 감각만 하는 단순한 존재이 며, 하나의 순수한 자아 이상도 이하도 아니다.

감각적 확신을 하는 나 역시 단순하며, 직접적으로 나타난 것을 지 식으로 확신한다. 단순한 의식 상태인 나는 그저 감각으로 외부 세계 를 수동적으로 받아들인다. 나는 직접적 지식에 대해 수동적인 태도 를 취한다.

나의 능동성은 전혀 없는, 이렇게 수동적으로 얻은 지식은 내가 외 부의 대상과 관계를 맺는 가장 기본적인 형식이다. 경험의 출발은 직 접적인 지식인 감각적인 인식을 확신하는 것에서 비롯된다. 이 단계 를 거쳐야만, 우리가 느끼고 지각하는 이 세계를 비로소 파악할 수 있다. 직접적인 사실을 수용하는 감각적 확신은 세계가 존재하는 바 를 그 자체로 확실한 것으로 받아들인다.

반성 역시 우리가 세계를 파악하는 감각적 인식을 확신한 후에야 가능하다. 반추할 내용이 없는데 무엇을 반성할 수 있겠는가? 우리는 감각으로 인식하고 이에 따른 확신을 거쳐야 추론에 의한 지식들에

닿을 수 있다. 헤겔은 이렇게 직접적이며 수용적인 감각적 확신에서
생겨난 감각적 지식을 밝히고 나서 다음 논의로 나아간다.

3 감각적 지식의 한계

감각적 확신은 나로부터 발생한 것이 아니라, 외부에서 주어져서 생긴다. 감각적 지식은 직접적인 수용에서 비롯된다. 이것이 감각적 지식의 한계다.

'그것이 있다'는 앎은 감각적 인식에게 제일 중요하다. 그 순수성, 단순성, 직접성이 그러한 인식의 진리를 이룬다. 하지만 감각적 확신은 실제로는 가장 추상적이고 별다른 내용을 가지지 않는 진리일 뿐이다.

이러한 이유로 헤겔은 감각적인 것을 수용하는 것은 그저 단순하게 사실을 받아들이는 것에 불과하다고 말한다. 감각적 확신은 단지 '감각을 느끼고 있다', '따뜻한 열이 있다'는 것에 그치는 지식이다. 어떠한 알찬 새로운 지식으로 나아갈 수 없기 때문에 감각적 확신은 한계를 지닌다. 헤겔은 이러한 한계를 지닌 지식을 '빈곤한 지식'이라 이름 붙인다. 이 지식은 감각적 확신에 따른 '단지 있다'는 사실 이상으로 더 나아갈 수 없다. 우리는 어떤 것이 그저 있다는 사실을 확인한다고 해서 더 나은 지식을 얻을 수는 없다. 말하자면 감각적 확신으로부터 지식을 더 탐색할 여지는 존재하지 않게 된다. 감각적 확신에 의존해서 얻은 지식으로는 또 다른 지식으로 나아갈 수 있는 통로 자체가 막혀 버린 셈이다.

이렇게 우리는 출발점에서부터 나아갈 길이 막혀 버린 감각적 확신으로부터 다른 단계로 이전할 수 있는 방안을 모색할 수밖에 없다. 헤겔은 한계를 극복하기 위해 감각적 확신을 다시금 되살펴 본다. 다시 생각해 보면 감각을 통해서 내가 저 사물이 있다는 것을 아는 것은 그저 수용적인 상태에서 비롯되긴 했지만, 이러한 수용성도 내가 있기에 가능하다. 외부에서 주는 자극을 '나의 감각 기관'이 감지하는 것이기 때문이다. 예를 들어, 볕이 따갑다고 느끼는 것은 바로 내가 그렇게 느끼기 때문이다. 나와는 체온이 다른 사람은 나와 다르게 감각한다. 감기에 걸려 체온이 낮은 사람은 태양 빛이 따갑다고 느끼기보다는 따뜻하다고 느낀다.

태양 빛은 그 자체만 보면 항상 뜨겁거나 뜨겁지 않거나 한 것이 아니다. 햇빛을 감각하는 사람이 어떤 상태냐에 따라 햇빛은 다르게 감각된다. 물론 태양이 비추는 빛의 기본적인 특성은 변하지 않는다. 그러나 빛의 세기, 온도 등등을 감각할 때 수용자의 상태가 감각에 영향을 미친다. 햇빛에 대한 구체적인 경험과 개개의 지식은 그렇게 느끼는 나에 의해서 생겨난다.

이로부터 우리는 중요한 사실에 도달한다. 감각을 제공하는 외부 대상만이 감각적 지식을 주는 원천이 아니라는 것이다. 이 대상을 감각하는 사람과 대상 사이의 관계가 실재적으로 감각적 지식을 가능하게 하는 것이다. 이 관계를 정리하면 다음과 같다.

1. 감각적인 것을 인식하는 과정에서, 오감으로 대상을 감각하는 나와 인식 대상은 각각 분리된다.
2. 나와 대상의 구분은 자아와 대상이 서로 무관하다는 것을 보여 준다기보다는, 나와 대상은 언제나 상호 전제한다는 것을 밝혀 준다. 나와 대상은 관계로 연결되어 있기에 분리된다.

내가 새의 지저귀는 소리를 들을 때, 듣는 나라는 자아와 지저귀는 새소리라는 대상이 분리된다. 그렇지만 내가 그 소리를 듣기 때문에, 지저귀는 새소리라는 의미를 지닌다. 소리를 듣는 나 또한 감각을 통해 어떠한 경험을 하지 못한다면, 나를 나로서 인지하지 못한다. 나를 자극하는 외부의 감각이 없다면, 나는 아무런 지식도 갖지 못한 채 멍하게 있을 뿐이다. 나는 새소리를 듣는 감각적 경험을 거치면서, 새소리와 그 소리를 듣는 나를 확실하게 인식할 수 있다.

이렇게 헤겔은 감각적 확신의 과정을 되돌아보면서 대상과 이를 인식하는 자아가 분리된다는 점을 지적한다. 그다음, 그는 다음과 같이 묻는다. 그러면 어떤 것이 우리의 감각적 지식을 이루는 근본적 원인인가? 다시 말해 대상과 나 중 어느 것이 본질적인지를 생각해 봐야 한다.

> 인식하기 위해서는 인식의 대상이 있어야만 한다. 대상이 존재해야만, 대상에 대한 앎도 있을 수 있다. 대상은 그게 알려지든 아니든 상관없이 존재한다. 반면 인식은 대상이 없으면 존재하지 않는다.

헤겔은 감각을 통해 얻는 인식이라는 점에서, 어찌 됐든 나를 자극하는 대상 없이는 인식 자체가 생길 수 없다고 설명한다. 무엇보다도 대상은 인식하는 사람(자아)이 그것을 인식하든 그렇지 않든 상관없이 그 자체로 존재한다. 이런 의미에서 헤겔은 대상은 본질적인 존재이고, 그것을 인식하는 자아는 비본질적인 존재라고 말한다.

여기서 문제가 되는 것은 감각적으로 인식한 대상이 원래부터 있던 본질적 대상과 일치하는가 아닌가라는 점이다. 그것은 내가 지금 보고 있는 이 사과가 사과 그 자체의 본질과 일치하는 것인가 아닌가라는 문제다.

내가 보고 있는 이 사과는 하나의 특수한 '이' 사과일 뿐이다. 내가 맛보고, 눈으로 보고, 만지는 사과는 지금 내가 경험하는 하나의 사과일 뿐이다. 내가 보는 '이' 사과가 모든 사과에 적용할 수 있는 보편적인 지식을 전달한다고 장담할 수는 없다. 이 사과의 단단함, 당도,

빛깔, 신선함이 곧 모든 사과를 설명하지 못할 수 있다. 헤겔은 이 문제점을 지적하면서 감각적 확신에서 얻은 지식은 참된 진리가 아니라고 말한다.

진리는 보편적인 것이어야 한다. 어디에서든 적용 가능한 진리여야 보편적인 진리다. 어떤 특수한 상황에서만 설명될 수 있는 지식이라면 그 지식은 보편적인 것이 아니다. 그런 점에서 특수한 진리는 참된 진리가 아니다. 그래서 헤겔은 보편성을 지닌 지식은 어떻게 가능한가라는 문제로 이동한다.

4 보편성은 모든 것을 연결시키는 매개성에서 나온다

특수한 하나의 사과를 설명하는 지식도 있다. 즉, 개별적인 대상의 상태나 속성을 설명하는 지식도 있어야 한다. 하지만 각각의 특수한 사과들만이 아니라 전체에도 적용할 수 있는 지식이어야만 보편적인 지식이다. 그런데 그것은 어떻게 해야 가능한가? 이에 대한 헤겔의 답은 보편성은 매개성에서 나온다는 것이다.

매개는 연관을 뜻한다. 그러나 매개는 여러 사과들을 단순하게 나열하여 묶는 그런 연관이 아니다. 매개는 우선 이 사과와 저 사과를 비교하고 구별하거나, 사과와 사과 아닌 것을 비교하고 구별하는 차이를 통해 연관되는 것이어야 한다. 즉, 매개는 이 사과와 저 사과, 사과와 사과 아닌 것을 서로 연관 짓는 것을 말한다. 한마디로 차이를 통한 관계 맺기가 매개다.

이렇게 연관 짓고 그 차이를 파악해야 우리는 비로소 사과라고 부르는 사물의 보편적 지식(진리)에 이를 수 있다. 우리는 매개를 통해 각각의 특수한 이 사과들 전체를 포괄하는 상태나 속성을 파악할 수 있다. 매개는 사과와 사과 아닌 것의 본질적 차이를 구분하게 하면서 사과만의 본질을 제시하는 역할을 담당한다.

헤겔에 따르면, 각각의 특수한 사과들이 지닌 특징들은 사과에 대한 보편적 지식과 매개되었을 때 사과라는 범주에 속하고, 그에 따라 분류되고 정의된다. 보편은 특수한 상태를 부정하는 것이며, 매개는 각각의 특수한 사과를 그 개별적 특징에서 벗어나 보편적인 사과의 정의와 의미에 도달하게 하는 역할을 한다. 매개를 거치면서 각기 특수한 사물은 자기가 현재 유지하고 있는 상태에서 벗어나면서, 보편적인 진리에 이른다. 보편적인 진리는 특수한 상태에서 비롯된 오류들을 수정하며, 특수한 성질을 포괄하는 보편적 내용을 담는다.

'사과는 붉다.'가 항상 진리일 수는 없다. 어떤 특수한 사과는 붉을 수 있지만 '아오리'라 불리는 사과는 푸르다. 매개는 '이 사과는 붉다.'라는 하나의 상태를 부정하면서, 푸른 사과의 상태마저 포괄할 수 있게 만든다. 따라서 매개에 의한 보편성은 어떤 특수한 하나의 시점에만 통용되는 진리가 아니라 언제나 참일 수 있는 확실함을 제공한다.

정리하자면, 보편적 진리가 되기 위해서는 '이것'만을 지칭하는 직접성에서 벗어나야 한다. 이를 부정하여 특수한 '이것'만이 아닌 다른 특수한 '저것'의 상태마저 포괄할 수 있는 매개성이 필요하다. 매개성을 확보했을 때만 진실로 언제나 진리일 수 있으며, 본질적인 것이 된다. 헤겔에 따르면 이렇게 자기의 상태(특수한 이것)를 부정하고, 특수한 것을 두루 포괄하는 보편(普遍)이야말로 현실에서도 구체적으로 존재하는 것이다. 보편적 진리가 실재적인 진리라는 말이다.

5 감각적 확신이 얻은 보편적 진리의 한계

헤겔은 감각적 확신의 단계에 대해 다음과 같은 결론을 내린다. 감각적 확신을 하는 인간은 그저 개별적 대상을 곧바로 감지하는 것이다. '아, 저것은 사과이군.'이라고 말이다. 그런 뒤에 '저 사과는 붉구나.'라고 감각하면서 사과가 지닌 특수한 상태를 직접적으로 인식한다.

그러나 이는 곧 오류에 빠진다. 내가 지금 보는 저 사과는 싱싱하고 붉다. 그렇지만 저 사과는 열흘 뒤에 싱싱하지 않을 수 있으며, 붉은색은 변색된다. 이렇게 특수한 상태만을 인식하는 감각적 확신만 가지고는 언제나 참된 진리를 보장할 수 없으며, 보편적인 진리에 도달하지 못한다.

이제 의식은 감각으로 느끼며 개별적이고 단편적으로 파악하는 감각적 확신 단계의 한계를 깨닫고, 그것에서 벗어나 일반적이며 보편적인 인식으로 나아가는 것을 자신의 과제로 삼는다. 여기서 헤겔은 개별적이고 특수한 '이것'만을 인식하는 감각적 확신이 보편성에 도달하는 방식으로 매개성을 제시했다. 그래서 언뜻 보면 매개성을 통해 감각적 확신이 도달한 인식 또한 보편적 진리인 것처럼 생각할 수 있다.

하지만 다시 곰곰이 생각해 보면 감각적 확신이 도달한 보편적 진리라는 것은 구체적 내용을 담고 있지 않다. 이 보편성은 단지 말로 표현된 '보편적 관념'에 불과할 뿐이다. 왜 그러한가? 헤겔의 다음 말을 보기로 하자.

> 그들이 생각하는 대로 이 한 장의 종잇조각을 실제로 말로 나타내려고 해도, 그리고 그들은 실제로 말로 나타내려고 하지만, 그것은 불가능한 일이다. 왜냐하면 그들이 생각하는 것은 하나의 특정한 감각적 사물이다. 하지만 감각적 사물 자체가 보편적인 의식에 귀속되는 언어로 생생하게 감각적인 것에 도달하기란 불가능하다. 그리하여 실제로 감각적인 것을 말로 나타내려고 하면 오히려 감각적인 것이 사라져 버리고 만다.
>
> 감각적인 사물에 관한 것을 글로 쓰기 시작하더라도 그 전부를 담을 수 없다. 비록 현실로 있는 사물, 외적인 감각적 대상, 또는 절대적인 개별체 등의 표현을 쓴다고 하더라도, 말로 표시되는 것은 보편적인 관념에 지나지 않는다.
>
> 무언가에 관하여 그것은 실제로 있는 사물이고 외적인 대상이라는 것 이상의 아무 말도 할 수 없다면 이것을 보편성이라 할 수 있는가?

앞에서 확인했듯이 감각적 확신에서는 개별적이고 특수한 사물을 '그것이 존재한다.'라고 직접적으로만 인식한다. 왜냐하면 감각적 확신에서의 인식이란 그 인식의 주체(자아)가 오감으로 느낀 것일 뿐이다. 하지만 언어로 표현할 때는 보편적인 것을 지칭한다. 가령 감각적 확신에서 하나의 사과를 인식했다고 할 때 그것은 사람에 따라, 또는 그 사람의 상황에 따라 달라질 수밖에 없는 개별적인 것이다. 반면에 헤겔의 말대로 "말로 표현되는 것은 언제나 보편적인 관념"이다. 그런 까닭에 언어로 감각적 사물의 개별적인 성질을 생생하게 표현하는 것은 불가능하다.

내가 사과라고 말하거나 글로 쓸 때 그 사과는 내가 감각한 '특수하고 개별적 사과'가 아니라 누구나 받아들이는 '보편적인 의미를 지닌 사과'로서 서술된다. 감각적 확신이 얻은 인식은 내가 경험했기에 그 자체로는 매우 풍부한 내용을 지니고 있다. 그러나 언어로 이를 설명할 때는 여전히 사과의 보편적 속성을 지칭하는 것에 다름 아니다. 그것은 매우 추상적이고 보편적인 지시에 불과하다.

여기서 특수한 감각에서 벗어나는 매개만으로 보편성이 충분할 수는 없다는 사실이 드러난다. 감각적 지식만으로는 보편적 지식에 도달하기에 역부족인 것이다. 이런 한계를 깨달은 의식은 이 상황에서 벗어나기 위해 두 번째 단계인 지각으로 넘어간다.

6 보편성을 경험하는 지각

지각은 파악된 대상을 각각의 속성으로 구별하고 이해하는 인식 능력이다. 여기서 지각은 대상을 추상적인 3인칭으로 지칭하는 '이것'으로 다루지 않는 것이다. 지각은 사물의 구체적인 속성들을 이해한다. 지각은 지각하고자 하는 대상의 여러 가지 속성에 관심을 갖는다. 여기서 대상은 물질적인 생생한 성질을 지닌 존재인 '사물'이다. 이에 관해 헤겔은 소금의 예를 들어 설명한다.

소금의 경우에 이 공간에, 여기에 있다는 것 외에 그 자체로 다양한 속성을 지닌다. 소금은 흰색이고 짜고, 입방체의 형태를 지니며, 일정한 무게가 있다. 또 이 각각의 모든 여러 가지 성질들은 여기 이 공간에 있는 소금이라 불리는 것에 뭉쳐져 있고, 각 성질은 서로 밀착되고 서로 침투한 상태에 있다.

말하자면 그 가운데 어느 한 가지 성질도 다른 어떤 성질과 구별되어 자기 홀로만 여기 이 공간에 따로 놓여 있는 것이 아니다. 오히려 그 하나하나 성질마다 각기 다른 성질과 혼연일체를 이룬다. 동시에 그 성질은 분명 분리되어 구분되지만 또한 상호 침투해 있다. 소금의

흰색이라는 특징이 소금이 지닌 입방체라는 형태를 만들거나 변형시
키는 것도 아니고, 흰색과 입방체라는 특징이 짠맛을 내는 이유인 것
도 아니다.

위의 소금의 예를 사과에 적용해 보면 다음과 같다. 사과는 붉기도
하지만, 시기도 하고, 달기도 하며, 주먹만 한 크기를 갖고 있고, 단
단하기도 하다. 물론 붉고 시고 달고 주먹만 한 크기라는 각각의 성
질은 사과만이 지닌 고유한 특성이 아니다. 그렇지만 한 사물에 있는
다양한 속성을 파악하고, 이런 속성을 다른 사물과 공유해서 이해하
는 것이 지각의 단계라 할 수 있다.

그런 까닭에 사물이 지각되는 방식은 필연적으로 한 사물에 속해
있는 여러 가지 속성들을 통해서 이루어진다. 또한 이 속성들은 서로
무관하게 존재하며 구별되어야 한다. 사과의 단맛과 신맛은 서로 연
관되지 않은 채 분명하게 구별된다. 또한 나는 사과의 신맛과 단맛을
통해서 사과라는 개념을 실재적으로 이해한다.

그리고 사과의 신맛은 레몬의 신맛과는 다르다. 물론 지금 내가 맛
보고 있는 이 사과의 신맛은 내가 다음에 맛을 볼 다른 사과의 신맛
과도 다르다. 그렇기 때문에 지금 내가 맛보는 특수한 하나의 사과는
그 자체로 다른 과일과도 다르며, 또한 다른 사과와도 완전히 다른
오직 단 하나 존재하는 사과다. 그러니까 지금 내가 맛보는 이 하나

의 사과는 세계에서 오로지 유일하게 존재하는 순수한 하나라고 할 수 있다.

그러나 지금 내가 맛보는 사과를 '사과'라고 부르기 위해서는 다른 사과와 공유하는 많은 특질들과 일반적으로 '사과'로 설명되는 속성의 내용을 지녀야 한다. 또한 지금 내가 맛보는 사과가 지닌 신맛은 분명히 레몬의 신맛과 다르지만, '신맛'이라는 속성만을 살펴보자면, 레몬만이 아니라 식초도 지닌 신맛이라는 공통적인 속성을 갖고 있다.

그런 점에서 특수한 하나의 사과, 지금 내가 맛보는 개별적인 사과는 우리가 '사과'라고 부르는 보편적인 사과에 속해 있으며, 식초와 레몬과 공유하면서 신맛이라 불리는 보편적 속성을 갖는 것이다. 이렇게 지각의 단계에서 우리는 감각의 실재적 경험을 통해 각 사물들과의 관계를 비교하면서 보편성을 얻는다.

이러한 보편성을 얻기 전에는 대상의 다양한 속성이 파악되지 않았다. 이렇게 특수한 하나의 상태를 헤겔은 '순수한 일자'로 부른다. 일자(一者)는 다른 것과 관계를 맺지 않은 상태의 사물이다. 모든 사물들이 다른 사물들과 연결되지 않았을 때, 각각의 사물들은 모두 다 일자이며 개별적이다. 지각은 바로 순수한 일자 상태에서 벗어나게 만든다.

그렇지만 조금 더 생각해 보자. 그렇게 각각의 사물들을 서로 구별할 수 있는 것은 다른 사물들과 다름을 비교하는 과정에서 비롯되었다. 헤겔은 이 비교를 다른 사물이 나를 '규정'한다고 표현한다. 규정은 다른 사물에 의해서 내가 있는 영역이 구분되고 규명된다는 뜻이다.

앞에서 설명한 사과가 지닌 다양한 속성들은 사과만이 본래 가지고 있는 것이 아니다. 속성은 사과를 다른 과일과 구분해 주지만, 다른 사물과 공유하고 있는 공통적인 것이기도 하다. 그러한 이유로 비교하는 규정을 거쳐 사과가 다양한 속성으로 설명될수록, 동일한 속성을 지닌 다른 사물들이 사과를 규명하게 되는 것이다. 헤겔은 속성에 의해 사물을 설명하는 규명을 외부와 연관을 맺는 대자적인 것이라 부른다. '대자'와 달리 '즉자'는 외부와 비교하거나 연관되지 않고 그 자체가 독립적으로 존재한다.

사물은 자기 자신으로 존재하는 즉자성만이 아니라, 다른 사물과 구별되는 대자성도 갖는다. 이렇게 사물은 스스로 존재하고 다른 사물과 구별되면서 존재한다. 이것을 인식하는 지각이라는 측면에서 보자면 사물은 개별성과 보편성을 함께 지닌 것이 된다.

7 지각의 기만

사물은 여러 속성들을 가진다. 소금은 희기도 하고 정육면체이기도 하고 또 짜기도 하다. 그런데 사물에 있는 많은 속성들은 각기 따로따로 존재한다. 사물의 속성들끼리는 서로 접촉하거나 관여하지 않은 채, 각기 있다. 말하자면 속성들은 서로 관계를 맺지 않는다.

소금에서 흰 속성과 짠 속성은 서로 무관하다. 하지만 관계 맺지 않은 채, 각기 다른 속성들을 나열하는 것으로는 소금이라는 사물의 개념을 나타낼 수 없다. 희고 딱딱하고 짠 것이라고 속성들을 나열한다고 해서 '바로 소금이구나.'라고 받아들일 수는 없다.

그러므로 우리가 일반적으로 소금이라고 부르려면, 여러 가지 속성들의 집합체가 아니라 하나의 통일성을 갖춘 개념으로 통합하는 것이 필요하다. 이 문제를 해결하기 위해 이 속성들을 통합해 주고 조직해 주는 것이 요구된다.

지각의 단계에서 우리는 처음에 사물은 자기 단독적이며 단일한 것, 개별적인 존재인 일자라고 파악했다. 하지만 단일하게 자체만으로 존재하는 즉자적인 사물로는 그 사물이 다른 사물과 구별되는 개별성을 보장하지 못한다. 그래서 외부와 관계를 맺으면서 사물의 특징이 생겨난다. 그것이 바로 속성이다. 속성은 사물에 보편성을 부여한다.

하지만 사물은 여전히 각기 다른 속성들의 집합체일 뿐이다. 이제 사물의 다양한 속성들을 하나로 모아 주는 통일성이 필요하다. 여러 가지 특징을 종합해서 하나의 사물로 규정지어야 하는 일이 남았다. 이 때문에 지각의 단계에서 사물이 지닌 진정한 본질을 파악하려는 의식의 시도는 문제에 부딪치게 된다. 말하자면, 보편성을 획득했다고 지각의 단계에서 착각했지만 그것은 단지 속성들의 나열에 불과한 것에 지나지 않았던 것이다. 이것을 헤겔은 '지각의 기만(착각)'이라고 부른다.

> 이것은 지각 작용이 일으킨 거짓이 바로 그러한 지각을 하고 있는 의식에서 비롯되었다는 사실을 느꼈기에 일어난다. 의식은 그 거짓과 허위가 자기 자신의 작용 때문임을 깨우친다. 이 과정을 통해서 의식은 마침내 스스로가 직면한 거짓을 극복하고 지양하게 된다.
> 의식은 진리를 파악하는 자기 자신의 행위와 경험한 지각 내용의 거짓 사이를 구별하면서 수정한다. 하지만 이렇게 고치려고 노력하면서 의식은 자꾸 지각하는 상태의 진리에 머물게 되어 버린다.

지각의 착각은 지각만으로 사물을 다 파악할 수 있다는 오류였다.

그러나 이 오류를 깨달은 의식은 결국 이 문제가 대상인 사물이 아니라 자기 자신에게 있는 것이 아닌가 되돌아보며 반성한다. 의식은 사물을 지각하는 과정을 되짚어 보면서 사물의 단일함, 개별성이 사물 그 자체의 속성이 아니라 의식에 있다는 점을 발견한다. 사물 그 자체에서는 다양한 특징을 하나로 모아 이해하는 방식을 발견할 수 없다. 반성하는 의식은 대상의 다양한 특징을 파악하는 것만이 아니라, 이 속성들을 통합해야 한다는 사실을 깨닫는다. 통합할 수 있는 능력은 바로 반성하는 의식의 힘이기도 한 것이다.

처음 지각의 단계에서 의식은 사물의 속성을 감각으로 인식했다. 그런데 의식은 사물의 속성을 현상해서(그대로 드러내서) 이해하는 수준에 그치고 만다.

예를 들어, 소금이 지닌 흰색이라는 속성은 설탕의 속성이기도 하다. 소금의 지닌 짜다든가 육면체라든가 하는 각각의 속성들 역시 다른 사물들과 공유하는 것이다. 이 단계에서 의식은 그저 그렇게 소금이 지닌 특징을 현상할 뿐이다. 이 상황에서 의식은 대상에 관한 지각을 다수의 성질과 속성의 현상으로 이해하는 데 멈춘 것이다.

그런데 이 현상들을 전체로 파악하는 실마리가 소금 자체에는 없다. 소금의 속성을 하나로 묶어 '이 속성들은 소금의 다양한 특징이다. 짜고 희고 입방체인 물질은 바로 소금이다.'라고 인식할 수 있는 능력은 의식에 있다. 반성하는 의식은 사물이 지닌 속성의 다양성을 하나의 개념을 붙여 통일성 있게 묶으려 한다.

실제로 사물은 우리의 눈에 흰색일 수도 있고, 우리의 혀에서는 짠맛일 수도 있고, 또한 우리의 느낌으로 파악할 때 입방체일 수도 있다. 그런데 여기서 이렇듯 전적으로 다른 성질들은 결국 사물 자체에서 비롯된 것이 아니라 바로 우리 자신이 감지해서 얻어진 것에 불과하다.

결국, 이제는 다름 아닌 우리 자신이 사물과 지식을 연결하는 매개자가 된다. 그를 통해서 각각의 성질들은 분화되고, 나름의 고유한 존립하는 근거가 생겨난다. 결국 우리 자신이 일반적 매개자라는 사실을 반성해서 알게 되었을 때, 우리는 각각의 성질을 지니는 그러한 사물의 동일성과 그에 대한 진리도 알 수 있다.

결국, 지각의 단계를 거치면서 우리는 사물과 의식이 분리될 수 없다는 점을 알게 된다. 사물은 어떤 설명도 필요 없이 사실상 실재로서 존재한다. 동시에 다른 사물과 관계를 맺고 구별된다. 하지만 사물의 다양한 속성을 묶어서 그 자체로 단일하게 파악하는 능력은 의식에 있다. 의식은 다양한 속성을 하나의 사물이 지닌 다양한 측면으로 파악하며, 다양한 속성과 단일한 사물을 연결·통일하려고 시도한다.

의식으로 인해서 사물 그대로의 상태와 사물 외부에서 사물을 설명하는 방식은 분리 불가능하며 상호 연결된다. 그리고 이렇게 함으로써 의식은 감각적 확신과 지각의 단계에서 벗어난다. 이제 의식은 지각 다음의 단계인 오성으로 나아가게 된다.

2장 법칙: 힘과 오성

앞에서 살펴보았듯이, 헤겔은 대상에 대한 앎을 감각으로 얻고 지각으로 파악하고자 했다. 그러나 감각과 지각은 모든 상황에 언제나 적용할 수 있는 지식의 보편성을 갖추기에 역부족이었다.

뿐만 아니라 감각이 알려 주는 사실은 그 사태에서만 참일 뿐 상황이 변할 경우에는 거짓으로 변한다. 버터는 차가운 냉장고에서는 딱딱하지만, 실온에서는 녹아 버린다. 버터가 딱딱하다는 말은 언제나 참일 수 없다. 버터의 예에서 알 수 있듯, 감각은 항상적인 참을 보장하는 필연성, 즉 보편성을 갖지 못한다.

물론, 감각은 순간의 상황을 설명할 수 있는 가장 기본적인 인식의 틀이다. 감각은 경험적이기 때문에 즉각적이며, 알기 위해서는 감각으로 경험해야 한다. 사물을 인식하기 위해서는 경험을 통한 감각을 거쳐야만 하며, 이를 통해서 참과 거짓을 확증할 수 있다. 가령 참과 거짓을 밝히는 감각적 확인을 하려면 '독약 주의'라는 표시가 있는 병에 든 액체가 독약인지 확증하기 위해서 병에 든 액체를 마셔야 하는 경험이 필요하다. 액체를 마시고, 죽음에 이르거나 죽지 않거나 해야만 그 병에 담긴 액체가 독약인지 아닌지 알수 있다.

여기서 헤겔은 항상 참을 보증하는 앎은 감각적인 것이 아니라, 감각을 뛰어넘는 초감각적인 법칙에서만 가능하다고 말한다. 법칙의 보편성만이 모든 상황에 적용할 수 있는 원칙을 준다. 이런 원리 원칙은 어떠한 특수 상태만을 파악하는 감각에서 벗어나야 가능하다.

다시 말하자면, 헤겔이 제시하는 참된 앎은 경험 이전에 사태를 예상할 수 있어야 한다. 법칙은 경험 이전에, 독약 병에 성분을 표시할 수 있어야 한다. 이 성분 표시를 우리는 신뢰하고 그것이 독약임을 알며, 마시지 않는다. 이것이 참된 앎이다. 이러한 법칙이 보장하는 진리는 모든 상황에 두루 적용되는 보편성을 지니며, 우연에 휘둘리지 않는 필연성을 확보한다.

그러면 법칙은 무엇에서 나오는가? 헤겔에 따르자면, 법칙은 힘과 관련이 있다. 칸트나 헤겔의 시대에는 과학적 진리가 가장 중요한 시대였고, 헤겔 또한 이런 시대적 흐름에 따라서 사물에 작용하는 힘이 보편적 원리이자 법칙의 원천이라고 생각했다. 그는 특히 힘을 무엇보다도 사물과 사물 사이에 작용하는 것으로 보았다. 헤겔은 작용하고 그에 따라 영향을 받는 힘의 관계를 통해서 원인과 결과를 파악하고자 했다. 그리고 인과 관계를 파악한 원리가 보편적인 법칙이라고 정의한다.

힘의 관계를 원리로 삼는 보편적인 법칙은 모든 것을 변화하고 운동하는 관점에서 파악한다. 법칙은 작용하는 힘들 사이에서 일어나는 운동의 원리를 설명하는 것이며, 이것이 헤겔이 생각하는 참된 앎이다.

참된 앎은 법칙을 파악하고 이해하는 것이다. 법칙에 대한 인식 능력을 헤겔은 오성이라고 부른다. 이번 장에서는 법칙을 파악하는 오성을 주요하게 다루며, 오성이 어떻게 힘을 개념적으로 이해하여 법칙으로 성립시키는가를 파악할 것이다.

1 힘과 개념

앞에서 우리는 감각과 지각을 통해 사물을 이해하고자 했다. 그러나 오성의 단계에서는 감각의 방식이 아니라 새로운 방식으로 세계를 이해한다. 오성의 관심은 세계를 설명하는 원리인 법칙을 파악하는 것인데, 법칙의 파악이란 세계를 개념으로 인식하고 이해하는 것을 뜻한다.

헤겔은 감각이 특수한 순간의 상황과 사태에 충실하여 보편적인 인식에 도달하기에 한계가 있다고 설명한다. 그는 어떤 한 상황에서만 적용되는 지식이 아니라, 모든 상황에서 참일 수 있는 지식을 제공하는 것이 개념이라고 말한다. 개념은 무엇보다도 사물 속에 작용하는 한결같은 힘들의 관계를 설명하며 보편적인 법칙의 성립을 보장하는 기초라 할 수 있다.

그렇다면 개념으로 파악하려는 법칙의 대상은 무엇일까? 그 대상은 바로 힘들의 관계다. 여기서 힘이란 무엇인가? 힘은 존재하는 사물이 다른 사물에 작용하고 영향을 미치어 실재적으로 발현하는 능력을 말하며, 이는 과학적으로도 입증된 진리다.

또한 힘은 사물이 실재적으로 발생하고 표현하는 방식이다. 우리가 감각으로 사물을 알 수 있는 것도 사물이 발휘하는 힘의 실재성 때문에 가능하다. 예를 들어, 막 끓인 커피 향을 느낄 수 있는 이유도 커피가 공기 중에 발현하는 힘의 방식 때문이다. 우리는 코를 통해 커피가 후각적으로 발현하는 힘을 감지하고 지각한다. 따라서 감각적인 앎 또한 사물이 힘의 형태로 발현되었을 때만 파악할 수 있다.

독자적으로 있는 물질은 통일의 상태에 이르고 다시 그 물질의 특성이 외부에 나타나며, 또한 이렇게 나타난 것들이 또다시 물질적 상태 내부로 돌아오는 상호적인 운동을 '힘'이라고 부른다.

이때 독립해 있는 물질이 밖을 향해 드러내는 운동이 '힘의 발현'이다. 밖으로 전개하는 것을 그만두고 원래 상태로 돌아오는 복귀의 운동을 '떠밀려 들어간 힘', 또는 '본래적인 힘'으로 부른다.

그러나 첫째, 자기 내부로 떠밀려 들어간 힘은 반드시 표출된다. 두 번째로는 일단 표출된 상태라 할지라도 이 역시 자기 자체 내에서 비롯된 힘이다. 즉, 힘은 자기 자체에 있는 존재일 때만 표출될 수 있다.

헤겔은 물질이 어떤 변하지 않은 본질에 의해 규정된다는 생각에서 벗어난다. 물질은 힘에 의해 변화하며, 다른 힘과 구별되고 관계를 맺으면서 실재하는 것이다. 물질은 그저 머물러 있는 상태가 아니라, 다른 물체와 맞닥뜨려 변화하는 과정을 겪는 힘들의 운동인 것이다. 그러므로 물질의 작용은 이러한 힘들의 운동 과정 전체다.

물질은 곧 힘인데, 그 특징은 다음과 같다. 우선 물질은 내부에서 외부로 힘을 표출한다. 즉, 물질은 힘의 운동으로 발현한다. 이러한 물질은 본래적으로 내적인 힘을 지니지만, 외부의 자극을 통해서 힘으로 드러난다. 외적 힘과 상호 작용하면서 내적 힘은 외부로 나아가 물질의 발현 상태를 보여 준다.

그리고 외부의 자극이 멈추면 물질의 힘은 다시 물질 내부로 돌아와서 원래 물질의 상태를 유지한다. 이렇게 물질은 힘으로 발현하면서 물질 내부에서 외부로 나아가 그 힘을 드러내고, 외부로 나아가는 힘의 작용을 멈추면 다시 물질 내부로 돌아오는 과정을 반복한다. 물질의 운동은 힘의 발현과 복귀의 과정인 것이다.

2 인력과 척력

힘은 힘을 이끌어 내는 어떤 것을 통해서 실현한다. 내적 힘이 외부로 발현하려면 반드시 무엇인가 원인이 필요하다. 활의 시위를 당기는 힘이 있어야만 화살이 날아가듯이, 힘은 자극을 거치고 다른 힘의 영향을 받아야만 실재적으로 나타난다.

물질을 발현하는 힘은 자극을 가하는 쪽과 자극을 받는 쪽이라는 두 계기로 구별된다. 영향을 주는 편과 영향을 받는 편으로 나뉘는 것이다. 하지만 힘은 일방적으로 그저 작용을 받거나, 그저 작용하거나 하지 않는다. 상황에 따라 작용된 힘이 다시 작용하는 원인으로 작용한다. 그러다가 작용의 원인이었던 힘이 다른 원인에 영향받아 작용을 받으면서, 현실적인 힘으로 실재한다.

힘의 개념은 두 개의 힘으로 나뉘고 드러나면서 구체적이고 현실적인 것이 된다. 이 두 개의 힘은 서로 무관하지 않고 각각 다른 힘에 의해서만 있을 수 있다. 결국, 이제 우리는 힘의 개념이란 두 갈래로 나뉜 힘을 통해서만 현실적일 수 있다는 것을 알게 되었다. 이들 두 개의 힘은 서로가 독자적인 본질로서 존재하지만, 동시에 이러한 힘은 오히려 각기 다른 힘인 타자에 의해서 순수하게 세워질 수 있고, 이 둘의 운동으로만 실존한다.

헤겔은 두 계기로 구별되는 힘의 발현이 인력과 척력으로 이루어지고 있다고 설명한다. 힘은 당기는 힘인 인력과 미는 힘인 척력으로 이루어진다. 힘은 이렇게 이중적인 요소들로 이루어져 있고 힘의 두 요소인 인력과 척력은 상호 대립적이다.

인력과 척력이라는 힘의 특성은 이론적인 상태로 생각해 보면, 각기 무관한 것으로 설명될 수 있다. 개념적으로 이해했을 때 척력과 인력은 각기 분리하여 설명 가능하다. 하지만 실재적인 힘으로 발현될 때 척력과 인력이라는 힘의 두 요소 모두 대립적인 다른 하나를 전제한다. 수레에 무거운 짐을 싣고 내가 그 수레를 밀 때, 수레에 실린 짐의 무게가 내가 미는 힘과 대립해야만 나는 실제적으로 수레를 밀 수 있다. 내가 아무것도 없는 허공에서 무언가를 밀 수는 없기 때문이다.

인력은 척력을 통해서만 존재가 가능하며, 척력 역시 인력에 의해서만 힘 개념이 성립된다. 즉, 힘의 실재성은 척력과 인력이라는 대립적인 상태를 포함하며, 대립은 힘이 실재하기 위해 필수적이다.

여기서 분명히 해 둘 것은 힘의 개념은 두 개의 힘으로 나뉘는 이중 작용에 의해서 현실적인 힘이 된다는 것이다. 두 개의 힘은 일단은 독자적인 두 개의 힘으로 존재하지만, 두 개의 힘은 분리된 상태가 아니라 각기의 힘을 상호적으로 전제하면서 존재한다.

두 개의 힘은 양극에 저마다 확고한 근거를 지니고, 서로 중간 지점에서 만나는 그러한 형태로 맞닿는 것이 아니다. 이 두 힘의 본질로 말하면 어느 쪽도 다른 쪽이 없이는 존재할 수 없다는 점에서, 자기 자신 외의 타자에 의존한다.

실재로서 존재하는 힘에서 인력과 척력은 분리될 수 없다. 척력은 인력을 통해서만 성립할 수 있으며, 인력 역시 마찬가지이다. 헤겔이 강조하고 싶은 바는 결국 사물을 실재적으로 발현하는 힘은 척력과 인력이라는 대립성을 그 자체로 포함하고 있다는 점이다. 미는 척력과 당기는 인력이라는 두 요소에서 보여지듯, 대립적인 특성이 힘을 실재하게 만든다.

대립성은 단순히 분리되어 있고, 서로를 반대하고 있다는 것만을 뜻하는 것이 아니다. 서로 맞서고 있다는 대립성은 무엇보다도 상호관계를 맺고 상호 의존하고 있음을 의미한다. 말하자면 대립은 의존하는 관계 맺음을 내포한다. 척력은 인력에, 인력에는 척력이 맞닿아 서로 의지하고 대립하면서 힘으로 실재하는 것이다.

3 원인을 다루는 법칙

그렇다면 개념적인 앎을 추구하는 오성과 힘은 무슨 관련이 있을까? 그 관계가 중요한 이유는 힘의 문제가 힘을 불러일으키는 원인의 문제를 포함하고 있기 때문이다.

헤겔은 보편적 법칙을 힘의 발현에서 찾는다. 물질적 세계는 힘들의 세계인 까닭에, 힘이 발현하는 원인을 찾으면 거기서 사물의 개념적인 법칙을 이끌어 낼 수 있는 것이다. 이 개념적 법칙은 실재적 감각 작용을 설명하고 그 원리를 알려 주는 것이기도 하다. 하지만 개념적 법칙은 감각적인 것이 아니며, 감각 너머에 있다.

법칙은 초감각적이다. 이러한 법칙을 세움으로써 오성은 개별적인 상황과 이를 포괄하는 보편자 상황이 서로 맞서는 상황을 넘어 항상적 진리를 보장해 주는 세계로 우리의 인식을 성장시킨다.

소금의 예를 통해 개념적 진리의 초감각성을 이해해 보자면 다음과 같다. 소금이 지닌 맛이 혀에 작용할 때 짠맛으로 발현한다. 소금이 혀의 미뢰에 닿아 짠맛으로 감각되면서, 소금이 지닌 짠 속성은 우리에게 감각적 현상으로 나타난다. 소금이 지닌 짠맛이라는 힘은 그 맛을 전달받을 수 있는 다른 사물을 언제나 필요로 한다. 짠맛은 그 자체적으로는 감지될 수 없으며 언제나 다른 것에 작용하면서 발산된다. 이와 마찬가지로 힘의 작용은 언제나 다른 것을 향해 있고 자기와 다른 것이 필수적으로 요구된다.

힘은 타자를 향해 있는 대타적인 것이다. 그러나 소금의 짠맛의 작용을 설명하기 위해서는 각기 감각적으로 맛을 보고 느끼는 개별적 경험의 상황을 넘어야 한다. 진리는 특정한 순간에 소금 알갱이를 혀 위에 녹여 맛을 보는 단 한 번의 경우만이 아니라, '언제나 소금은 짜다.'라고 확언할 수 있고 보장해 줄 항구성과 보편성을 확보해야 한다. 물론 각각 소금을 맛본 순간에 발생하는 모든 감각을 아우르며, 언제나 소금이 그렇게 짠맛으로 작용한다는 것을 보장할 수 있을 때 항구성과 보편성이 있다. 설사 소금을 맛보지 않아도, 감각하지 않더라도 소금이 짜다는 것을 설명해 줄 원리가 필요한데, 이러한 원리는 감각을 넘어서 존재하는 초감각적인 진리다.

헤겔은 바로 여기에서 사물의 본질이라고 할 수 있는 힘의 법칙을 참된 진리로 규정한다. 그리고 이 법칙은 개념의 틀을 통해 세계를 파악하는 오성에 의해서만 파악된다.

힘의 운동 속에서는 각각의 특수한 힘들의 차이는 없어진다. 특수한 힘의 차이는 형식상의 구별, 내용상의 구별일 뿐이다. 이러한 차이가 하나로 모아지면 힘의 차이도 하나로 합쳐져 버린다.

이 힘은 오직 무한하게 변화하는 운동을 거듭하면서, 그 안에 대립하는 힘을 하나로 모아 존재한다. 각기 달라진 힘을 하나로 모은 힘은 보편자라 불린다. 바로 이 보편자야말로 힘의 운동과 유희의 내면에 있는 단순한 진리이며, 곧 '힘의 법칙'이다.

오성의 능력은 사물에 작용하는 힘을 파악하고, 이를 모든 상황에 적용되는 보편적인 것으로 밝힌다. 이러한 오성의 관심은 우연과 감각에 의해 제약받지 않고 언제나 진리임을 보장하는 법칙을 세우는 것이다. 제약이 없다는 것은 어떠한 조건하에서만 적용할 수 있는 지식이 아니라는 뜻이다. 제약을 넘어섰을 때 법칙은 조건과 무관하게 참임을 보증할 수 있다. 이 점에서 법칙은 무제약적이다. 이러한 무제약적 법칙은 경험적인 감각을 아우르면서도 경험 이전에 예측할 수 있는 초감각적인 법칙이기도 하다.

개념적으로 이해하는 오성은 세계를 힘들의 작용에 의해 변화를 거듭하는 감각적인 현상 세계와 감각적 영역을 넘어선 초감각적 법칙의 세계로 이원적으로 구별한다. 우리는 매일의 현상, 우연들이 존재하는 세계를 경험한다. 커피 잔을 움켜쥐던 손은 갑작스러운 사이렌의 울림에 놀라 손아귀 힘이 풀린다. 이에 따라, 커피 잔은 떨어지며, 잔에 있던 커피는 쏟아진다. 사이렌의 울림은 우연한 사건이다. 그렇지만 우리는 알 수 있다. 사이렌이 울려서 놀라 손가락의 힘이

풀려서 잔을 놓쳤는데, 그 경우 반드시 그 잔은 아래로 떨어지며 커피는 쏟아진다는 사실을.

지상에 있는 질량을 가진 물체는 자기보다 더 큰 질량을 지닌 지구를 향해 자유 낙하한다는 것은 경험하지 않더라도 항상 참된 사실이다. 이것이 법칙의 세계인 것이다. 그러나 법칙이 개별적 사건을 지배하지만, 사건에는 그것이 발생하는 다양한 원인이 복합적으로 작용한다. 우리는 우연하게 사건이 발생하는 현상의 세계에 있다. 하지만 개념의 틀은, 감각적 현상으로 나타나는 세계와 이러한 현상이 일어나는 원인인 이 현상 너머에서 존재하는 법칙의 세계로 나눈다.

4 오성 법칙의 한계와 구별

    법칙은 우연에 따른 현상에 필연성을 부여하며, 항구성과 보편성을 지닌다. 이 법칙은 힘들의 운동에 따라 생성하고 소멸하는 현상적 세계를 이해할 수 있는 질서를 부여한다.

    우리는 법칙을 통해 현상을 이해할 수 있다. 그러나 헤겔이 분명히 강조하는 것은 법칙이 현상계보다 더 우월한 것은 아니라는 점이다. 오성 법칙의 의의는 감각을 넘어서서 다양한 힘들이 발생하는 원인을 설명할 수 있으며, 그 원리의 보편성과 항구성에 있는 것이다.

    하지만 오성의 법칙은 현상 세계를 전부 포괄할 수 없다. 물론 오성의 법칙은 언제나 참됨을 보장한다. 뿐만 아니라 법칙은 사건의 결과를 예측할 수 있으며, 언제나 모든 사건에 적용될 수 있는 인과 관계를 원리로 지닌다. 무엇보다도 법칙은 현상 세계에 또렷한 의미를 부여한다. 하지만 법칙은 감각 세계와 현상 세계를 배제하고서는 무의미하다. 또한 법칙 자체는 현상계의 풍부성을 모두 따라갈 수 없다. 법칙이 원리를 파악하기도 전에 생성 변천하고 다양성이 출몰하는 현상 세계에서는 더 많은 사건이 발생한다. 그것은 현상 세계가 우연의 세계이기 때문이다.

분명 우리는 중력 법칙을 알고 있으며 지구 대기권 아래에 존재하는, 질량을 지닌 물체가 자유 낙하한다는 사실을 알고 있다. 하지만 자유 낙하의 일반 원칙이 각기 개별적으로 발생하는 자유 낙하의 모든 경우를 예상할 수는 없다. 자유 낙하를 일으키는 사건의 원인은 중력만이 아니다. 그것은 복합적인 원인으로 인해 발생한다. 컵이 떨어지는 가장 큰 원인은 중력에 기인하지만, 탁자 위에서 컵이 떨어지는 이유는 내가 컵을 무심코 밀어서일 수도 있고, 탁자의 다리가 망가져서일 수도 있다.

그러니 법칙은 현상 세계의 다종다양한 풍부함을 다 담지 못한다. 더구나 법칙이 현상 세계의 사건 전체와 일치하는 것도 아니다.

> 법칙의 왕국이 밝혀낸 진리는 법칙이 지닌 차이이며, 이것이 곧 내용의 다양함을 드러낸다는 것이다. 하지만 이러한 진리는 오성에 의해 발견된 것이기에 현상계의 다종한 것들을 다 담아내지는 못한다.
> 법칙은 현상을 파악하는 것이지만 구체적으로 구석구석 다 닿아서 알 수는 없다. 현상계는 법칙이 적용되지만, 그 법칙의 틀에서 벗어나는 독자성 역시 있다.

헤겔은 이렇게 현상의 풍부함을 다 담지 못하는 법칙을 다시 엄밀하게 살펴보기 시작한다. 그리고 다음의 결론으로 나아간다. 법칙은 어쩌면 현상 그 자체의 원리가 아니라 현상을 설명하고자 하는 오성 자체의 법칙성에 불과할 수도 있다고.

우리는 인간의 시각적 기관으로 세계를 바라본다. 원근법과 색채를 감지하는 인간적 방식으로 세계를 시각적으로 구현하고 이해하는 것이다. 그러나 곤충의 눈으로 세계를 바라보면, 세계는 전혀 다른 방식으로 나타난다. 잠자리의 눈은 겹눈이기에 인간의 눈이 보는 멀고 가까운 원근 방식으로 세계가 보이지 않는다.

이처럼 현상을 파악하는 개념의 방식은 실제로 현상 세계 그 자체를 설명해 주기보다는, 오성의 법칙에 따라 세상을 분류하고 이해하는 방식일 수 있다. 법칙은 오성이 세계를 파악하는 형식일 따름이다. 하지만 이 형식이 없다면 세계는 파악될 수도, 인식될 수도 없다.

이렇게 오성은 현상을 파악하는 형식으로 법칙을 사용하는 것이다. 이 법칙은 구별의 방식으로 실행된다. 구별은 현상을 각각의 계기로 나누고, 차근히 분류하여 설명하는 방식이다. 예를 들어 전기를 설명할 경우, 우리는 그 요소로서 양전기와 음전기를 구별해서 설명한다. 물론 실제로 전기가 작동할 때는 두 요소가 구별되어 나타나는 게 아니다. 구별은 설명을 위해 필요한 것이다. 전기는 양전기인 동시에 음전기이기도 하므로 실제로는 함께 존재하고 현상한다. 양과 음으로 그 둘이 분리되었다는 구분은 오성이 설명을 위해 만든 구별이다.

  또 다른 예를 들자면, 사물의 운동을 설명하기 위해 도입되는 시간과 공간이다. 시간과 공간은 거리와 속도 등의 측면으로 구별되어 그 현상이 설명된다. 그러나 속도와 가속도는 사물 자체에 원래 내포된 것은 아니다. 시간과 공간의 현상을 이해하기 위해 오성이 도입한 구별일 뿐이다.

  전기를 이렇듯 양과 음으로 구별하는 것은 그 자체로 전기가 원래 그러하다 할 수는 없다. 단일한 힘으로서의 전기는 양과 음으로 분화되는 법칙에 따를 필요는 없다. 만약 우리가 단순한 힘을 힘의 개념이라 부르고, 음양으로 분화하는 법칙을 힘의 존재라 부른다고 하면, 이는 전기의 개념과 무관하다. 힘에는 그러한 성질이 따르는 것일 뿐, 본래부터 그러한 성질이 갖추어져 있다고 할 수는 없는 것이다.

  구별은 관계를 분리하고 연결을 끊어 내는 것이다. 다시 말해, 구별은 사물이 지닌 요소를 분명히 하기 위해 분리하고 그 의미를 정의한다. 구별은 개념적으로 사물의 내용을 파악하는 것이다. ʻa, b, c가 같다.ʼ라는 것을 설명하기 위해 오성은 a, b, c가 서로 다르다는 구별을 먼저 시행한다. 그리고는 a는 c이고, c는 b이므로, 곧 a는 b라고 설명한다.

하지만 현상은 구별될 수 없으며, 복합적인 것이 무더기로 한꺼번에 있는 하나의 단순한 것이기도 하다. 오성은 현상을 설명하기 위해 구별이라는 요소의 형식으로 분리하고 나누어 설명한다. 개념에 의해 구별되는 요소들, 예를 들어 빛깔, 맛, 크기 등도 사물 자체에서 비롯된 것이 아니다. 그러하기에 사물이 발현하는 힘들에서 이 구별은 사라져 버린다.

소금에서 흰색 요소와 짠맛은 개념적으로 구별된다. 그러나 우리가 소금을 맛보았을 때, 이 각각의 요소들은 단번에 분명히 구별하기 힘들며 그럴 수도 없다. 우리가 소금을 처음 눈으로 보았을 때 설탕과도 구분하기 힘들며, 설사 소금임을 알아봤다고 해도 소금의 짠맛을 바로 파악하기 힘들다. 게다가 소금은 짠맛뿐만이 아니라 단맛과 쓴맛도 있다. 그러나 처음에 소금을 맛봐서는 소금의 짠맛만을 느낄 뿐 다른 맛의 요소를 느낄 수는 없다.

또 다른 예를 통해 생각해 보자. 식물의 잎이 녹색인 까닭을 설명하기 위해서 오성은 잎과 구분되는 엽록소라는 개념을 사용한다. 하지만 잎이 곧 엽록소는 아니다. 잎에 엽록소가 있고 엽록소가 녹색이므로, 잎이 녹색인 까닭이 설명된다. 하지만 현상 세계에서 우리가 잎을 볼 때, 나뭇잎과 엽록소, 그리고 나뭇잎의 녹색을 각기 구별할 수 없으며 이 요소들은 함께 존재한다. 헤겔은 이것을 다음과 같이 서술한다.

이 구별을 내적 구별이라고 부르는 이유는 다음과 같다. 법칙이 단순한 힘이거나 개념이라는 것이다. 그리고 중요한 것은 개념이 바로 구별이라는 것이다. 내적 구별은 오성이 행하는 것이지 사태 자체에 있는 것은 아니다.

구별은 오성이 사물을 이해하기 위해 실행하는 오성의 형식이다. 그러하기에 헤겔은 법칙을 그저 개념일 뿐이라고 강조하는 것이다. 이 개념의 정의는 구별하는 것에서 그 특징을 잡을 수 있다.

다시 말해, 개념적 실행을 행하는 오성의 가장 큰 능력은 바로 구별을 실행하는 것이다. 오성은 실제 사물이 지닌 외적 상태를 보고 구별을 실행하는 것이 아니다. 오성 자신의 개념으로 사물을 분별하고 요소를 구별하여 개념적으로 파악한다. 그러므로 각각의 요소들로 사태를 설명할 수 있는 까닭은 바로 오성 그 자체의 활동에 의해서다.

5 운동하는 오성

오성은 구별을 행한다. 그러나 이러한 구별은 현실 세계에서 비롯된 것은 아니다.

> 이 내적인 구별은 여전히 오성이 행하는 것일 뿐 현실 세계에 정립된 것은 아니다. 즉, 오성이 그러한 필연성을 요구하는 구별일 뿐이지, 현실적인 사태에서 생겨난 구별은 아니다.

구별을 통해 오성은 법칙으로 세상을 파악한다. 하지만 구별의 힘을 사용하는 오성이 보여 주는 운동과 변화가 사태나 현상 자체에 있는 것은 아니다. 오히려 세계를 운동하는 것, 변화하는 것으로 구별하고 파악할 수 있는 자체는 오성의 힘에서 비롯된다. 오성이 변화하는 것이기 때문에 세계를 변화하는 것으로 이해한다고 말할 수도 있다. 따라서 변화하고 운동하는 것은 사태나 현상이 아니라 오히려 오성이라 하겠다.

이제 헤겔은 다음과 같이 의문을 던진다. 오성은 구별을 통해서 법칙을 세우는데, 그 구별의 원동력은 사실 오성 내부에 있는 것이다.

우리는 오성으로 세계를 설명한다. 그렇지만 실제로 설명된 사실은 세계 그 자체가 아니라 오성 내부에서 발생하는 힘의 작용일 뿐이지 않은가?

오성은 사물을 구별하고 속성을 분별하고 다시 통합하면서 사물을 설명한다. 오성은 생성 변천하는 세계에 운동의 법칙을 제시하며 설명한다. 오성으로 인해 우리는 세계를 변화하는 것으로 설명할 수 있다. 앞서 밝힌 것처럼 이러한 구별을 실행할 수 있었던 이유는 오성이 바로 운동하고 변화하는 것이기 때문이다. 그렇다면 헤겔이 던진 의문처럼 결국 오성이 설명해 낸 것은 자신의 활력적인 힘일 뿐이지 않을까?

여기서 우리는 오성이 행한 구별과 설명에 대한 반론이 제기되면서 오성이 자신 밖으로 나올 수 있게 되었음을 발견한다. 오성은 자신이 세상을 설명하는 법칙의 위대성이 실제로는 아무런 기능을 하지 못하는 것일 수도 있다는 자각에 이른다. 이 자각은 분명 오성으로부터 비롯된 것이다. 오성은 세계를 설명할 수 있는 법칙을 제공했다. 그러나 법칙을 제공했다는 것에 만족하지 않고 스스로 문제점을 파악하고 자신이 인식한 법칙의 무의미성마저 파악한다.

이 과정은 오성의 운동성에 크나큰 의미를 부여한다. 이 과정을 거치면서 오성에게는 더 큰 단계로 넘어갈 수 있는 여지가 생기기 때문이다. 오성은 우선 일차적으로 자신의 운동성을 통해 구별을 행해 세계에 법칙을 세웠다. 게다가 오성은 자기 자신의 설명마저도 부정했다. 이로 인해 오성 내부에는 구별의 힘과 이 구별을 부정하는 힘이 대립하여 공존한다. 이는 모순적 상황이다. 하지만 오성은 이 모순을 동력으로 계속 운동한다.

　모순을 품은 오성이야말로 부정하고 다시 부정할 수 있다는 점에서 운동하는 힘인 것이다. 여기서 오성은 실재적으로 운동성을 지닌 것으로 확인받는다. 오성을 운동하고 변화하는 것으로 이해하는 것은 《정신현상학》에서 가장 핵심 사항이다. 왜냐하면 오성은 단순히 정태적인 본질인 개념적 틀이나 범주적 형식에 머물지 않는 것이며, 구체적 경험과 유리된 추상적인 개념이 아니기 때문이다.

6 차이와 운동의 무한성

헤겔은 오성을 변화하고 운동하는 과정으로 이해함으로써, 추상화된 고요한 법칙의 세계와 변화하는 현상계의 이원성을 통합한다. 오성의 운동성을 확인하면서 기존 철학이 제시하던 법칙과 현상의 이원론이 붕괴되고, 갈라진 두 세계는 하나로 통일된다.

헤겔에 따르면 세계는 전도(顚倒)된 세계다. 전도된 세계에서는 내면과 외면, 정지와 운동은 더 이상 이원화되지 않고 하나로 통합된다. 대립적 요소를 통합한 세계에서 사물을 정의하고 설명하는 개념은 그저 동질한 상태만을 지니는 것이 아니라, 동질성에 반발하는 다양한 차이와 이를 통합하는 역동적인 운동을 지닌 것이 된다. 그것은 오성이 운동하는 세계를 설명하는 구별의 힘을 가졌기 때문이다. 오성은 구별을 행하고 설명하며, 동시에 이를 부정하면서 끝없이 무한하게 구별을 행한다. 구별은 무한히 진행된다.

전도된 세계에서 개념은 다음의 의미를 지닌다. 개념은 초감각적 세계의 한 측면을 보여 주는 정태적 본질인 동질성을 보장한다. 하지만 개념은 또한 구별을 행하면서 변화하고 운동한다. 개념을 변화하는 것으로 보면서 헤겔은 차이를 사물 각각이 지닌 감각적 분별로만 해석하지 않는다. 여기서 차이는 사물을 규명하는 개념 그 자체가 내적으로 지닌 역동적 차이로 전환한다.

개념은 언제나 항존적 상태를 유지할 수 있는 동질성을 통해 사물을 설명하기를 제일 중요한 역할로 삼았다. 하지만 실상 개념의 힘은 각각의 사물의 다름을 살피고 구별을 행하면서 사물을 설명하는 바에 있다. 다시 말해, 개념은 동질성만을 보장하는 것이 아니라, 사물들 간의 차이와 한 사물이 지니는 다양한 요소들을 보여 주는 것이어야 한다.

개념의 힘은 그 자체가 지닌 차이에 있다. 처음에 사물의 동질성을 확증하던 개념은 구별을 행하면서 자신의 내부에 운동성을 지닌 차이들을 도입한다. 이렇게 변화하는 개념을 거친 사물의 정의는 동질 상태에서만이 아니라 많은 다양한 차이들을 통해 설명된다.

헤겔에게 있어서 개념은 구별하는 것이기 때문에 정태적인 것이 아니라 운동하는 것이다. 따라서, 헤겔적 의미에서 개념을 통해 사물을 정의하기 위해서는 항존적 동질성만이 아니라 동질적이지 않은 다른 것들이 필수적이다. 동질성은 사물의 다양성을 설명하는 비동일적인 차이를 도입하면서 실질적으로 내용이 풍부해지며 정체성을 확증한다.

헤겔은 사물을 설명하고 정의하는 개념에 동질성과 비동질성이 필수적인 요소로 작용한다고 이해한 것이다. 그러한 이유로 차이는 사물을 정의하는 개념 바깥에 있는 것이 아니라 개념의 동질성과 더불어 작용한다. 개념은 동질성에서 벗어나려는 반발을 드러내며 변화하고 운동한다.

이제 개념은 동일한 상태와 이로부터 벗어나려는 차이가 함께하는 역동적인 변화이다. 헤겔에 따르면, 개념은 동일성과 차이가 대립하고 서로를 부정하는 모순을 힘으로 삼는 운동이다. 그 점에서 개념에 존재하는 차이는 동질성과 통일 관계를 이루고 있다.

차이는 사물을 설명하는 개념에 필수적이며, 개념 내부에 있다는 점에서 내적 차이다. 이 차이로 말미암아 개념은 내부에 동일성과 비동일성, 긍정과 부정을 동시에 포괄한다. 그리고 차이가 있는 한 개념의 운동은 계속된다. 따라서, 차이는 자신을 자기 아닌 것과 구별하되 다시 그 구별을 넘어 통일하는 무한한 운동을 발생시킨다.

헤겔은 이러한 차이 개념을 무한자(無限者)라고 말한다. 무한자는 말 그대로 한계를 갖지 않는 것이다. 하지만, 무한자는 무한한 운동을 지속하기 위해, 그 자신 내부에 대립물을 지닌다. 무한성은 자신의 한계를 스스로 설정하지만, 다시 그 한계를 스스로 넘어선다. 한계를 설정하고 다시 그것을 넘어서는 것은 곧 한계를 부정하는 것이다. 이 점에서, 무한자는 한계를 설정하고, 그 한계를 부정하고 넘어서려는 대립물을 지니는 것이다.

결국 차이는 무한성이며, 이는 차이가 동일성에 반발하면서 동시에 동일성과 대립하면서 통일을 이루고, 다시 운동한다는 것을 뜻한다. 다시 말해, 차이의 무한성은 개념을 정적인 것이 아니라 그 내부의 한계를 넘어서 운동을 지속하는 원인을 지닌 역동적인 것으로 만든다. 차이로 인해서 개념은 동일성에 반대하면서 그 대립을 포함하는 운동을 계속해 낸다.

7 무한한 운동과 생명의 혈기

이처럼 구별과 대립을 포함하면서 스스로 구별하고 다시 그 구별을 넘어서는 무한 운동은 과연 어떠한 것인가? 이 무한 운동의 정체는 과연 무엇일까? 헤겔은 무한 운동자를 생명 세계의 영혼 또는 만물 안의 혈기로 칭한다.

무한자는 바로 생명을 뜻한다. 생명은 중단되거나 단절되지 않는 연속성을 지니며, 어디서나 존재하는 보편적인 것이다. 생명은 끊이지 않고 계속 운동하며 변화한다. 무한한 운동인 생명은 자신의 내부에 온갖 구별을 간직하고 있다. 무한한 운동의 동력은 차이다. 차이는 구별을 통해 발생하면서 운동을 일으키고, 생명이 끊임없이 자기가 아닌 것으로 변화하게 만든다. 그럼에도 불구하고 생명은 언제나 생명으로서의 활력을 지니고 생장하면서 자기 동일성을 유지한다.

생명체의 분화는 새로운 변화라 할 수 있다. 그러나 생명은 여전히 생장하며, 생명을 재생산할 수 있는 다음 세대를 생산하면서 생명 그 자체의 동일성을 확인한다. 헤겔에 따르면, 생명체는 분화라는 측면에서 변화하는 것이지만, 실상 분화를 통해 생의 활력을 지속하기에 생명은 동일성의 유지이기도 하다.

결국 생명체가 다음 세대로 생명을 이어 가기 위해 행하는 다양한 시도는 생명체의 내적 차이를 다양화하는 구별이며, 곧 자기 자신과의 관계를 복잡화하는 내적 구별이다.

어쨌든 참다운 의미를 지닌 내적 구별이나 무한성 그 자체를 이해하려는 것은 사태의 진상을 알고 싶어 하는 우리에게만 가능한 일이다.

결국 학문의 과제와 책임은 이 무한성의 개념을 제시하는 일이다. 하지만 의식은 어쨌든 새롭게 독자적인 형태를 갖기는 하지만, 무한성의 본질을 이해하는 데 실패하고, 그와 상관없는 것만을 보는 데 그친다.

개념을 틀로 삼는 오성은 무한히 운동한다. 그러나 처음에 오성은 무한성을 자신의 활동으로 자각하지 못한다. 헤겔에 따르면, 무한성의 운동을 오성이 자각하기 위해서 스스로 구별하면서 이로부터 반발하고 넘어서야 한다. 이러한 무한한 운동성을 의식하는 단계, 즉 자신의 운동성을 자각하는 의식은 더 이상 오성 단계의 의식이 아니다. 오성은 이를 실재로 행하더라도 자신이 이를 행하고 있다는 것을 자각하고 인식할 수 없다. 이를 인식하기 위해서는 행위와 거리를 두고 파악할 수 있는 상태여야 한다. 무한한 운동을 자각하는 단계는 오성을 뛰어넘는, 그다음 단계의 의식이다.

오성에서 보다 더 나아간 의식은 구별을 설정하고, 이러한 구별을 행하는 자신의 행위를 의식한다. 이러한 의식은 구별을 수행하는 차이가 자기 내부에 있다는 것, 그리고 자신이 바로 운동의 원인임을 안다.

이 의식은 자기 자신이 행하고 자기 자신 안에서 일어나는 내적 구별을 인식하며, 이것이 대립이라는 것을 인식하며 무한성의 운동 자체를 이해한다.

무한성의 개념을 알려고 하는 의식은 무한성을 자기 앞의 대상으로 삼는다. 이러한 의식은 자기가 대상을 파악하기 위해서 구별한다는 것을 알면서도, 그러한 구별을 또 지양하려는 것도 의식하고 있다. 이러한 상태를 수행하는 의식이 바로 '자기의식'이다. 자기의식인 나는 나를 나 자신으로부터 구별한다.

헤겔에 따르면, 무한성의 운동을 이해하는 의식은 자기의식이다. 자기의식은 동일성과 차이, 구별에 따른 무한한 운동을 의식한다. 자기의식은 이 모든 운동이 자기 자신이 행하면서, 자기 자신을 변화시킨다는 것을 안다.

자기의식이 의식하는 대상은 바로 자기 자신이다. 이제 다음 장에서는 바로 이러한 자기의식을 살펴보기로 하자.

3장 자기의식과 타인의 인정

앞에서 개념을 틀로 삼아 사물에 작용하는 힘을 법칙으로 이해하는 오성에 관해 살펴보았다. 오성은 사물을 지각하고 개념을 통해 그 원리를 해명하려고 애쓰는 의식이다. 이렇게 사물의 원리, 즉 법칙을 수립했지만 오성은 법칙이 모든 현상 세계를 담아낼 수 없다는 사실을 깨닫기에 이른다. 그리고 사물의 법칙이 실상은 오성 자신의 법칙이라는 사실을 알고 난 오성은 마침내 사물을 인식하는 자기 자신을 자각하는 단계에 이른다. 자기를 인식하는 의식이 바로 자기의식이다.

자기의식이 출현하기까지 의식은 1) 대상의 존재를 감각적으로 확신하는 의식, 2) 대상의 성질을 지각하는 의식, 3) 대상 세계의 법칙을 인식하는 오성의 단계를 차례로 거쳤다. 그리고 이 세 단계에서, 의식은 주로 외부 대상을 이해했다. 오성은 감각을 통해서 세계를 즉각적으로 파악하고, 이러한 세계를 규명할 수 있는 법칙을 찾는다. 그러나 자기의식은 외부 대상이 아니라 의식을 행하는 내부에 관심을 맞추며, 자기 자신의 내면을 탐구한다. 헤겔의 말에 따르면 대상 인식에서 자기 인식으로 전환한 것이다. 마치 어린애가 모든 것을 맛보거나 만지려 하면서 "이건 뭐야?"라고 묻는 단계 다음에, "이건 왜 그래?"라고 원리를 알려는 차원을 거쳐, '나는 왜 이런 걸 궁금해하지? 내가 보는 게 맞는 거야?'라고 물으며 관심을 외부에서 내부로 돌리는 것과 같다.

이 단계에 접어드는 이유는 다음과 같다. 그것은 내가 인식하여 알게 된 지식이 맞다는 것을 확신하려면, '이 지식을 아는 내가 정말 나인가?'를 먼저 확증해야 하기 때문이다. 내가 나를 모르는데, 어떻게 세계에 대한 지식을 확증할 수 있는가?'라는 생각에 이른 것이다. 이제 오성은 자기의식에 도달한다.

자기의식의 단계에서도 대상 인식은 여전히 필수적이다. 그러나 자기의식은 대상 인식에만 머무르게 되면 단지 사건과 현상에만 몰두하게 된다는 사실을 알고 있다. 이러한 의식은 감각에 사로잡힌 의식에 불과하다. 그래서 자기의식은 자기를 진리의 대상으로 삼으면서, 인식 대상이 자기 자신임을 발견한다.

자기의식은 마치 인간에게 있어서 사춘기를 맞은 청소년과도 유사하다. 사춘기 이전의 어린이는 타인이 자기를 어떻게 바라보는지에 관해 관심이 없으며, 자신을 돌봐 주는 부모님과 형제, 사회의 보호 속에서 자라나고, 직접 맛보고 만지고 냄새 맡으면서 세계에 대한 궁금증으로 뛰어다닌다. 그러나 사춘기 시절에 이르면 청소년의 관심은 세계나 외부가 아니라 자기 자신으로 향한다. 최초로 "나는 누구인가?"라고 물으면서 자기의 정체성에 관한 궁금증을 품고 내면으로 침잠한다. 그들의 관심은 자기 자신에 맞추어져 있다.

하지만 청소년이 아무리 자기 자신에 대해서 알려고 노력해도 그들이 알게 되는 것은 희미하고 흐릿한 인상과 떠도는 생각들일 뿐이다. 결국 청소년은 '나는 누구인가?'라는 질문을 하면 할수록, 이에 대해 대답해 줄 수 있는 대상은 자기 자신이 아니라는 사실을 발견한다. 오히려 그들은 자신처럼 내가 누구인가라고 질문하는 다른 사람들에게서 답을 구할 수 있다는 것을 알아낸다. 그래서 그들은 자기를 알기 위해, 자신과 같은 질문을 던지는 다른 존재로부터 해답을 찾으려 한다. 이러한 해답 찾기의 노력은 다름 아닌, 타인이 자기를 의식하고 자기를 인정해 주기를 바라는 욕망, 욕구로 나타난다. 그리고 이 욕망으로 말미암아 자기의식은 자기 자신을 확증하기 위해 타인과 서로 인정을 바라는 기나긴 투쟁의 시간을 겪는다. 물론 그들이 도달한 것은 언제나 그렇듯, 삶이 중요하다는 사실이지만.

1 욕망과 자기의식

    자기의식의 관심은 외부의 대상을 알고자 하는 상태에서 벗어난다. 그가 알고자 하는 대상은 이제 외부의 세계가 아니라, 그 자신의 내부로 이동한다. 자기의식이 추구하는 진리는 내가 나를 나로서 확증하는 것이다. 이것은 '내가 나를 안다'라는 자기 자신에 대한 확신이다. 결국 자기의식이 추구하고자 하는 진리는 자기에 대한 앎이다.

    헤겔에 따르면, 자기의식은 우선 자기 자신이 누구인지 규명하면서 자기 자신을 의식의 대상으로서 접근한다. 이 의식은 자꾸 내가 누구인지 물으면서 자기가 알고 있는 자기 자신에 관한 앎을 부인하고, 정말로 그게 맞는지 스스로 논박한다. 자기의식이 확보하고 싶어 하는 자기 자신에 대한 확신은 내가 알고 있는 나와 존재하고 있는 내가 같다는 확신이다.

    이런 확신의 필요성은, 인간이 눈으로 외부의 대상을 다 관찰할 수 있음에도 불구하고 자기 자신의 얼굴에 묻은 재는 볼 수 없다는 근본적인 실존의 조건에서 발생한다. 자기와의 동등성, 다시 말해 내가 나라는 확신은 자기가 자신임을 스스로 확증하는 것이지만, 그저 '나는 나다'라는 공허한 확인이어서는 안 된다. 오히려 자기 확증은 엄밀해야 한다. 엄밀성은 자기가 스스로를 외부의 대상처럼 객관적으로 대상화함으로써 가능하다.

자기의식은 대상으로서의 자기와 자기를 대상으로 세우고 이를 탐구하는 자아를 구별하며, 이 둘을 스스로 대립하게 만든다. 이렇게 자신을 인식하려는 자로서의 자기와 인식 대상으로서의 자기를 대립시키는 구별을 자기의식이 해 나가는 과정 속에서, 자기 확신은 비로소 생겨난다. 그리고 이 구별은 다시 하나로 합쳐져야 한다. 인식 대상으로서 나를 정확히 인식하는 통일을 거쳐서, 자아=자아라는 동일성으로 재확인을 해야 하는 것이다. 이 과정을 거치고서야 자기의식은 비로소 자기 자신을 확신한다.

헤겔에 따르면, 그동안 의식이 대상들에 대한 경험을 해 왔다면, 자기의식은 이제 자기 자신이 무엇인지를 알고 확신하기 위해서 자기 자신에 대한 경험을 해야 한다. 이 경험은 자기를 알기 위해서 자신을 탐색하는 경험이다.

여기서 마침내 자기의식은 욕망 일반을 뜻한다. 이러한 자기의식은 알고자 하는 이중적인 대상이 있다. 하나는 감각적 확신을 하기 위한 대상이고, 두 번째는 자기 자신을 앎에 대한 대상으로 삼는 것이다. 이러한 대상으로서 자기의식은 첫 번째 대상과는 다르다.

하지만 자기의식은 이 두 대상을 파악하려는 이중의 의미를 지닌 운동으로 나타나고, 이 둘이 다르기에 생겨나는 대립을 지양하면서 자기를 알게 된다.

자기의식이 하고자 하는 경험은 나를 알겠다는 강한 욕구의 형태로 드러난다. 이러한 자기의식이 바로 욕망 일반이다.

자기의식이 욕망 일반으로 나타나는 까닭은 우선 자기의식이 생명을 지닌 존재이기 때문이다. 자기를 경험하고자 한다는 것은 자기의식이 생명을 가졌다는 것을 확인하는 것이기도 하다. 다시 말해서, 자기의식은 최소한 자기 생명을 유지하기 위해 대상 세계를 욕망하는 것이다.

대상을 욕망하는 자기의식은 그 욕망을 이제 일종의 의지로 발전시킨다. 의지로 나타나는 욕망은 자기를 확증하려는 자기의식의 가장 큰 동력이다. 자기를 알려는 강한 희구가 의지가 되면서 자기의식은 자기를 앎의 대상으로 삼기로 작정한다. 자기의식은 자기를 인식하려는 강력한 주체가 된다.

헤겔은 자기의식을 자기를 알려는 의지로 이해하고, 이 의지를 '욕구'라 부른다. 욕망이 자기의식의 생명에서 나온 발현이라면, 욕구는 그보다 능동적으로 욕망의 대상을 확정하고 추구하려는 행동이다. 자기 자신을 알기 위해 실천적으로 행동하기를 원하는 의지가 바로 욕구인 셈이다. 자기의식이 자기를 경험하려 하는 것 역시 바로 이러한 욕구에서 비롯된 것이다.

자기의식은 타자를 지양함으로써만 자기 자신에 대한 확신을 얻는다. 욕구인 자기 자신은 타자가 무의미하다고 확신하고, 그 타자의 자립적인 성격을 없애려고 한다. 그러면서 자기를 확신한다. 그런데 자기의식은 이러한 과정을 거치면서 타자를 완전히 없앨 수 없다는 사실을 발견한다.

자기의식은 수동적으로 대상을 수용하지 않으며, 능동적으로 자기가 원하는 대로 세계를 파악하고자 한다. 자기의식은 자연에서 주어진 것을 그대로 수용하기보다는, 자신의 필요에 의해 세계를 변화시키려 들며 자연을 자신의 의도대로 만들려고 한다. 이렇게 자기의식은 욕망에서 의지를 지닌 적극적인 욕구로 나타난다. 이제 자기의식은 능동적 욕구의 운동이며, 욕구하는 것을 자기의 소유물로 만드는 주체가 된다.

능동적 욕구를 지닌 자기의식은 자기의식 외부에 있는 모든 자연과 세계를 자기 자신을 위해 존재하는 것으로 여긴다. 자기의식의 관심은 오직 자기 확신에 있다. 대상인 자연과 세계와 마찬가지로 나와 다른 타자는 자기를 긍정하기 위해 필히 부정해야 할 대상이며, 자기와 대립해 있는 존재로 받아들인다. 그래서 자기를 확증하려는 자기의식은 자기 외의 모든 타자를 부정한다. 내가 아닌 타자를 부정할 때만 나는 나의 존재로서 자신을 분명히 확신할 수 있다고 여긴다. 마치 내가 눈을 뜨면 세상이 있고, 내가 눈을 감으면 세상이 사라지는 것처럼, 자기의식은 세상을 인지한다. 다시 말해 자기의식은 세상이 자기를 위해 존재하는 것으로 이해한다.

그러나 자기의식이 행하는 타자의 부정은 자기를 확증하려는 욕구에 다름 아니다. 이제 타자를 부정하는 자기의식의 행위는 감각적 대상으로서 외부를 경험하지 않는다. 타자를 부정하면서 오히려 나의 힘을 인지하는 것이 자기의식의 목표다. 타자의 부정은 자기의식이 자기를 확증하는 내적 행위이다.

사실 타자를 부정하는 욕구는 결국 자기의식이 자기를 확증하는 자기의식 그 이상도 이하도 아니다. 자기의식의 모든 경험은 자기를 이해하기 위한 경험으로 바뀐다. 즉, 자기의식이 욕구하는 대상은 외부에 있는 그 어떤 것이 아니라 자기 자신뿐이다. 다시 말해, 욕구하는 존재인 나, 욕구를 추동하는 힘이자 욕망 덩어리인 나를 원한다. 그러므로 자기의식이 욕구하는 것은 욕구 그 자체인 자기 자신이다. 이 상태는 마치 배가 부르더라도 입이 심심해서 먹는 사람과도 같다. 배가 부르더라도 먹는 이유는 먹는다는 행위 자체를 만족시키기 위해서다. 음식은 배고픔을 해결하는 대상이 아니라 '먹기'라는 행위를 위한 수단이다. 배가 부른데도 계속 먹을 것을 욕구하는 까닭은 배를 채울 음식을 욕구하는 것이 아니라, 먹을 것을 욕구하는 그 욕망을 채우려는 것이다. 음식은 욕구의 목적이 아니라, 욕구를 채우기 위한 수단으로 전락한다.

하지만 욕구 충족의 수단이 되어 버린 외부 대상(앞의 예에서의 음식)은 자기의식에 필수적이다. 역설적으로 자기의식은 욕구와 충족을 거듭하면 할수록, 내가 아닌 타자가 자기의식과 독립적으로 존재한다는 타자의 자립성을 깨닫는다.

자기의식은 오직 대상을 부정하면서 자기 자신을 확신하는 욕구를 충족할 수 있다. 이 때문에 자기의식이 대상을 부정하기 위해서라도 부정할 대상은 필수적이다. 하지만 이로 인해 자기의식은 또한 대상이 자립적이라는 경험 역시 겪는다.

욕구로 나타나는 자기의식은 이러한 욕구를 충족하면서 대상의 제약을 받는다. 왜냐하면 자기를 확신하기 위해서라도 타인을 지양하는 것이 필수적이기 때문이다.

대상의 자립성으로 인해 욕구가 성취되려면 언제나 대상의 제약을 받을 수밖에 없다. 자기의식은 나와 다른 대상이 내 멋대로 할 수 없다는 것을 안다. 그 결과 자기의식의 욕구 일반은 필연적으로 자기의식이 아니라 오히려 대상에 의해 한계가 정해진다.

　대상은 자기의식의 욕구를 제약한다. 나는 욕구하지만 그 욕구를 내가 실현할 수 없음을 인식한다. 나는 모든 것을 욕구할 수 없고 내가 욕구를 실현할 수 있는 실재적인 대상을 욕구할 수밖에 없다.

　이러한 결과 외부의 세계로 향했던 욕구는 내가 나를 확인하는 자기 확신과 동떨어진 것이 된다. 나는 나를 확인하기보다 나의 무력함과 한계를 인지한다. 여기서 자기 인식이라는 목표를 지닌 욕구는 상실되며, 이제 욕구는 어떤 대상을 욕구하는 것에 그치게 되고 만다. 이것은 욕구가 더 이상 자기의식의 자기 확신에 기여할 수 없다는 것을 의미한다. 이런 상태에서는 나를 알기 위해 많은 것을 경험한다고 한들, 나는 나를 정확히 알 수 없다. 이제 다른 방법이 필요하다.

2 나와는 다른 또 다른 자기의식

대상을 욕구하는 것은 언제나 잠정적이며 우연적인 것으로 나타난다. 내가 먹는 것을 욕구했을 경우에 나는 우선적으로 자장면이라는 대상을 욕구할 수 있지만, 이 욕구의 대상은 라면에서 피자, 김밥 등으로 계속 바뀔 수 있다.

욕구가 자기를 확증하는 방식에서 벗어나면서 감각적 대상으로서의 타자성은 점점 더 우연적이다. 욕구의 대상은 계속 바뀌고, 대상이 바뀔 때마다 일순간 사라진 욕구는 다시 나타난다. 헤겔은 욕구가 타자의 자립성에 영향을 받아 생기는 문제점을 살펴보면서, 이 단계에서 욕구와 자기의식은 다르다고 설명한다.

사실상 욕구의 본질은 자기의식과 다르다. 자기의식은 욕구를 연속적으로 경험하면서 욕구와 자기의식이 다르다는 것을 알게 된다.

물론 자기의식이 자기의 진리에 도달하기 위해서는 외부적 대상이 필요하다. 대상은 자기의식에 도달하기 위한 과정에 있어서도 필수적이다. 그러나 대상을 단순히 계속 부정하여 완전히 소멸시키는 방식으로는 본래의 목적을 달성할 수 없다. 대상을 부정하여 욕구를 충족하는 방식은 무한히 순환한다. 이 행위는 욕구를 대상에 매몰되어 버리게 만든다.

　대상의 부정은 자기를 확신하고자 했던 욕구로 하여금 길을 잃게 한다. 자기의식의 욕구는 자기 확증에 결코 도달할 수 없다. 실상 욕망이 자기 확신이라는 바람에 있었다는 사실을 떠올려 보면, 대상을 부정하는 것만으로는 자기 확신에 도달할 수 없다. 따라서 이제 필요한 것은 대상을 완전히 부정하지 않으면서, 자기를 확증할 수 있는 수준에서 욕구를 충족하는 것이다.

　헤겔은 여기서 자기의식이 욕구하는 대상이 바뀌어야 한다고 설명한다. 이제 대상은 자기의식에 의해서 완전히 파괴되거나 부정되어서는 안 된다. 그러한 대상은 어떠한 존재인가? 바로 자기를 알기를 욕구하는 또 다른 자기의식이어야만 이런 요건에 알맞다. 즉, 자기의식에 의해서 완전히 파괴되거나 부정될 수 없는 또 다른 의식일 때에만, 자기의식은 진정한 자기 확증을 이룰 수 있다. 요약하자면, 자기의식은 타자를 완전히 부정하면서 또 다른 타자를 찾아 헤매는 방식으로의 욕구 충족을 통해서는 자기 확신에 도달할 수 없다. 그러므로 자기의식은 완전히 부정될 수 있는 대상이 아닌 자기와 마찬가지인 또 다른 자기의식을 욕구한다.

　자기의식이 욕구하는 타자는 인식의 대상이면서 하나의 또 다른 자기의식이다. 물론 욕구는 그 특성으로 인해 필연적으로 자기를 확증하는 방식인 타자 부정으로 나아간다. 그러나 또 다른 자기의식은 결코 완전히 파괴되지 않는다. 말하자면, 또 다른 자기의식인 타자는 결코 완전히 부정되지 않는다.

결국 여기서 하나의 자기의식을 대하는 또 하나의 자기의식이 존재한다. 이럴 때만 자기의식은 실재적으로 존재한다. 이러한 자기의식은 실제로는 대상이 아니다. 물론 어떠한 다른 자기의식에게는 욕구의 대상이긴 하다. 그래서 자기의식을 대상이라고 한다면 이때 그 대상은 자아이면서 동시에 대상이라고 해야 한다.

정리하자면, 욕구 일반으로 등장한 자기의식은 이중적인 단계를 거쳐 외부의 대상을 바꾼다. 최초의 자기의식이 욕구하는 대상은 자기의식에 이르기까지 차례로 밟아 온 감각적 확신, 지각, 오성의 대상들이었다.

대상은 자기의식에 의해 부정되는 것이면서 자기의식으로 하여금 사물의 자립성을 깨닫게 해 주었다. 이 단계에서 알게 된 문제점으로 인해 자기의식은 인식의 대상을 바꾼다. 이제 대상은 자립적인 의식을 지닌 또 다른 자기의식으로 바뀐다. 자기의식이 알고자 하는 대상은 자기처럼 자기 확증을 필요로 하는 또 다른 자기의식 그 자체다.

이렇게 대상이 된 또 다른 자기의식은 의식이 없는 대상처럼 완전히 부정될 수 없다. 이 점에서 인식하려는 자기의식은 타자 존재의 특성을 이해하면서 또 다른 자기의식인 타자 존재를 부정할 수 없다.

대상의 변화로 인해 자기의식은 자기를 확증하고자 했던 원래의 자기로 복귀한다. 헤겔은 복귀를 '자기 내면을 향한 반성'이라고 말한다. 반성은 자기를 스스로 비추어 보는 것이다. 자기의식은 거울 속의 나와 거울을 비추어 보는 내가 같은 나임을 확증하고자 했던 최초의 욕구로 되돌아온다.

어린아이였을 때, 내가 원하는 것을 내 마음대로 하면서 나는 내 힘을 느낄 수 있었다. 그렇지만 청소년이 된 나는 내 마음대로 해서 나를 확인하는 방식으로는 내가 누구인지 답을 찾을 수 없다. 그러므로 대상의 부정, 파괴가 아니라 오히려 타자가 나를 인정할 때 비로소 나는 나로서 확신할 수 있게 된다.

이렇게 해서 나를 알고자 하는 자기의식은 또 다른 존재인 자기의식의 인정을 요구하게 된다. 이제 타자인 자기의식의 인정 속에서 자기의식은 자기 동일성의 기초를 비로소 마련한다.

3 자기의식 간의 상호 인정

자기의식은 또 다른 자기의식의 인정을 필요로 한다. 자기의식은 스스로의 확신만이 아니라, 자기와는 다르지만, 자기를 의식하는 타인으로서 자기의식과 만나길 원한다. 이 다른 자기의식의 인정을 통해서 나로서 자기의식은 자신을 확증한다. 하지만 이 인정은 나만이 욕구하는 것은 아니다. 또 다른 자기의식인 타자 역시 나처럼 자기를 알기를 원한다. 이러한 이유로 타자 역시 나에게서 인정받고자 한다. 이렇게 각각의 자기의식은 서로 인정함으로써 각자 자기 자신인 자기의식으로 존재할 수 있게 된다.

자기의식은 오직 인정 승인된 것으로서만 존재할 수 있다. 자기의식이 자기를 펼치는 전제는 일종의 인정의 형태를 띤 운동으로 나타난다.

각각의 자기의식은 오직 인정받고 승인되었을 때 실재적으로 자기의식으로 존재할 수 있다. 자기의식은 오직 다른 또 하나의 자기의식이 인정해야만 스스로 존재할 수 있는 것이다.

인정을 거치면서 실재적으로 존재하게 된 자기의식은 타자의 인정을 획득하는 운동의 과정이기도 하다. 이러한 인정의 운동은 각 자기의식이 서로 상호 인정을 요구하는 운동이며, 이를 통해 각자 스스로를 확증하는 운동이다. 두 자기의식이 펼치는 상호 운동은 자기 확신이라는 내적 측면의 운동과 다른 자기의식의 인정이라는 외적 측면과 관련되는 복합 운동이다.

자기의식에 또 하나의 자기의식이 대립할 때 자기의식은 자기에서 벗어나 있다. 이는 이중적 의미를 지닌다. 하나는 자기의식이 자기를 상실하여 타자를 자기라고 생각한다는 것이다. 다른 하나는 타자를 참다운 자기로 보는 것은 아니라는 것이다. 결국 타자 속에서 자기 자신을 본다. 이것이 바로 자기의식이 타자를 지양한다는 의미다.

이제 자기의식은 자기를 타자로 보는 그런 일은 하지 말아야 한다. 이것은 자기의식이 이제 자기야말로 본질적인 존재라는 것을 확신하도록 노력을 해야 한다는 의미다. 다른 하나는 이 타자가 바로 자기 자신이므로, 다시 말해 타자 속에서 자신을 발견했기 때문에, 이제는 그러한 상태에서 벗어나려고 노력을 해야 한다는 것이다.

자기의식은 또 다른 자기의식과 마주 본다. 이를 통해 이 둘은 관련을 맺는다. 그렇다면 마주 보고 관련 맺는 것은 무엇을 의미하는

가? 이러한 관계 맺음은 자기의식이 자기의 추상적 형식을 극복하는 노력을 말한다. 먼저 자기의식은 자기 자신을 상실하고 스스로를 타자라고 본다. 그러나 자기의식은 자기를 자기 밖에 있는 존재로 생각했기에 타자 안에서 자기 자신을 발견한다.

타자 역시 자기와 마찬가지의 질문을 던지는 존재다. 이 때문에 나와 마찬가지의 일이 그에게도 생긴다. 이러한 운동은 한편에서만 일어나는 것이 아니라 상호적으로 일어나는 것이다. 나 역시도 나와 다른 타자와 관계 맺으며 존재하지만, 타자 역시도 내가 필요하며 마찬가지로 존재한다.

이 운동은 상호적이고 서로 인정해야 가능한 것이다. 하지만 각자의 욕구가 나와 타자 모두에게 제일 중요한 사항이다. 이 강한 욕구 때문에 운동이 생겨났다는 것을 잊지 말자. 각자의 편에서 발현하는 욕구로 인해서 욕구가 교차하면서도 중복하는 이중 운동이 있는 것이다.

각각의 자기의식인 나와 다른 타자는 자기 바깥에 있는 다른 자기의식으로 나아갔다가 이를 부정하고 다시 자신에게 복귀하는 과정을 겪는다. 이러한 자기의식의 운동은 오로지 자기의 행위만을 뜻하는 게 아니다. 이 행위는 자기의 행위인 동시에 타자의 행위인 이중적인 의미를 지닌다. 왜냐하면 타자는 더 이상 감각적 대상이 아니라 또 다른 자기의식이기 때문이다.

결국 자기의식이 다른 또 하나의 자기의식과의 관계 속에서 펴 나가는 운동은 실상 자기의 행위인 동시에 타자의 행위이기도 하다. 왜냐하면 타자 역시도 자립적인 존재이기 때문이다.

자기의식이 욕구의 대상으로 삼는 존재는 그저 수동적인 존재가 아니라, 자기 자신과 마찬가지로 능동적인 존재다. 그래서 자기의식이 행하는 것을 또 다른 자기의식도 똑같이 행한다.

이런 점에서 결국 이 운동은 전적으로 동등한 위치에 있는 두 개의 자기의식이 펴 나가는 이중 운동이다. 즉, 이들은 서로 다름 아닌 자기가 행하는 것을 또 다른 자기의식도 똑같이 행하는 것을 본다.

타자는 자기의식과 똑같이 자립적이며, 자기의식이 타자에게 행하는 것과 똑같이 행한다. 즉, 이 둘 각각은 다른 한편에 대해서 요구하는 것만큼 행하는 것이다. 그러하기에 복합적이고 다면적인 이중 운동은 전적으로 동등한 위치에 있는 두 개의 자기의식이 행한다. 이는 분리된 운동이 아닌 불가분하게 중첩된 운동이다. 타자와 맞닿아 관계를 맺는 자기의식은 이 운동의 과정을 거치면서 자기를 확신한다.

타자와 함께하는 경험 이후 자기의식은 타자 안에서 자기를 발견하고 타자에서 벗어나 자기 안으로 복귀한다. 마치 나와 마찬가지로 자기를 알고 싶어 하는 사람과 대화를 통해서 서로의 욕구가 동일하다는 것을 깨닫고, 나를 더욱 확실하게 알게 되는 것처럼. 이렇게 나로 복귀한 자기의식은 자기의식이지만 동시에 타자를 통해 새로운 경험을 하게 된, 변화한 자기의식이다. 그래서 이러한 경험을 거친 자기의식은 처음 타자와 관계를 맺기 이전의 자기의식과는 다르게, 성장한 자기의식이다.

자기의식이 타자를 경험하고 여기에서 벗어나 자기로 돌아오는 과정은 자기 앎에서 매우 중요한 단계에 도달했음을 의미한다. 자기 앎의 터전을 타자와의 관계에서 마련한 자기의식은 이제 자기의식의 존립 기반을 오직 타자를 통해 추구한다.

다른 자기의식으로부터 복귀하여 나를 알게 된 자기의식은 나를 찾았다는 자기의식을 확신한다. 그러나 실상 이는 자기 자신만의 확신일 뿐이다. 타자를 통해서 새로운 경험을 했지만, 내가 나라는 것을 나만 확인했을 뿐이다. 타자는 아직 그 사실을 인정하지 않았다. 그러므로 중요한 것은 자기의식과 관계를 맺은 타자가 자기를 인정해 주는 것이다.

인정의 필요성은 관계를 맺은 각각의 자기의식 모두에게 필수적이다. 타자의 인정 없는 자기의식의 확신은 아직까지 내가 나를 확신하는 주관적 차원에 머물러 있을 뿐 우리 모두의 확신이라는 객관적인 진리에는 이르지는 못한 상태다. 그러므로 진정한 자기 확신의 진리를 얻기 위해서 자기의식은 자기 자신에 대한 확신과 더불어 자기의식에 대한 타자의 인정이 필요하다. 타자로서의 자기의식 또한 이와 같은 확신이 필요하다. 이와 같은 이유로 각각의 자기의식들이 관계 맺는 자기 인정의 운동은 자기를 입증하면서 타자에게 입증되는 상호 인정으로 발전하게 된다.

이들이 진리를 알기 위해서는 각자가 자기 고유의 행위를 해서 본래적인 자기를 관철시켜 나가야 한다. 그러나 결국 이것은 타자의 행위를 거쳐 자기를 관철시키는 방식을 취해야 하며, 이것이 바로 인정의 과정으로 실현하는 일이다. 이것은 이중적인 행위다. 즉, 타자에 의한 행위이면서 동시에 자기 자신에 의한 행위다.

욕구 일반에서 출발한 자기의식은 각각 개인이자 나인 자기의식들 사이의 상호 인정을 필요로 한다. 그러나 나는 나를 하나의 인격체로 이해하지만, 타자를 그러한 존재로 이해하지는 않는다. 나는 여전히 나 외에 다른 타자를 하나의 개인으로서 인정하지 못한다. 더구나 나는 그러려고 하지도 않는다. 다만 타자를 나를 이해하기 위한 도구이자 하나의 외부에 있는 사물, 혹은 의식으로서만 이해한다. 따라서 각각의 개인인 자기의식이 요구하는 상호 인정은 여전히 순수한 개념의 차원에 머물러 있는 것에 불과하다.

4 생사를 건 인정 투쟁

그렇다면 어떻게 관념적인 차원에서 벗어나 상호 인정이 실재적으로 될 수 있을까? 인격적으로 각자 개인임을 인정하지 못한 상태에서 자기의식 간의 상호 인정은 양자 간의 불평등, 불균등에서 초래한 극단적인 대립적 양상을 통해서 이루어진다. 그 결과 그 가운데 한쪽은 오직 인정받을 뿐이고 다른 한쪽은 오직 인정을 하기만 하는 것으로 나타난다. 이렇게 되어서 상호 인정은, 인정받지 못한다면 죽을 수 있다는 자각으로 바뀌면서 목숨을 건 투쟁의 양상이 된다.

그런데 이러한 인정의 운동은 생명에도 집착하지 않을 수 있다는 것을 보여 주는 방식으로 나간다. 이는 이중의 행위로서 자기만이 아니라 타자 역시도 그런 행위를 취한다.

결국 인정의 운동은 각자가 서로 타자의 죽음을 겨냥한 행위를 하는 것이다. 그러나 여기에는 둘째로 또한 자기의 행위도 포함되어 있다. 그래서 타인을 죽음으로 내모는 것은 곧 자기의 생명을 거는 것이다. 두 개의 자기의식의 관계는 생사를 건 투쟁을 통해 각자마다 서로의 존재를 실증하는 것이다.

쌍방이 이러한 투쟁에 뛰어들 수밖에 없는 이유는 다음과 같다. 자기가 독자적인 존재라고 하는 자기 확신을 하기 위해서다. 자기의 자유를 확인하기 위해서는 오직 생명을 걸고 나서는 길만이 있을 수 있다. 자기의식에게는 단지 주어진 대로의 삶을 살아가는 것, 그리고 삶의 나날 속에서 덧없는 세월을 보내는 것이 본질적인 것이 아니다. 본질적인 것은 무상함을 되씹으며 살아갈 수밖에 없는 처지에서도 결코 놓칠 수 없는 순수한 독자성을 확보하는 것이다. 이것은 결국 생명을 걸고 나서지 않고서는 확증될 수 없게 되어 있다.

물론 생명을 걸고 나서지도 못하는 개인도 인격으로서 인정될 수 없는 것은 아니다. 하지만 그러한 개인은 자립적인 자기의식으로 인정받는 참다운 인정 상태에는 이르지 못하고 있다.

각각의 자기의식은 자신이 더 독자적인 존재라고 주장하는 것을 목표로 삼는다. 그래서 자기의식은 자율적이고 자립적임을 증명하기 위해 온 힘을 다한다. 물론 이 증명 과정에서 타자의 인정은 필수적이다. 자기의식이 인정을 받고자 하는 자기와 마주한 타자 또한 자율성의 인정을 요구하는 또 다른 자기의식이다. 그에게도 나와 같은 인정이 중요하다.

하지만 앞에서 살펴봤듯이 자기만을 확증하려는 자기의식은 타자를 자신과 마찬가지로 동등한 존재로 존중하기보다는 오히려 동식물과 같은 비인격적이고 자연적 존재처럼 여긴다. 이 상황은 또 다른 자기의식의 측면에서도 마찬가지다. 각각의 자기의식은 타자가 자연적인 사물에 불과하며, 나는 이와 무관한 주체적인 한 개체라고 필사적으로 우긴다. '타자는 자연일지라도 나는 아니다.'라는 것이 자기의식이 입증하려는 방식이다.

이 논증에서 타자는 사물에 불과하다. 이러한 상황은 각각의 자기의식이 벌이는 인정 투쟁의 긴박성과 절박성을 보여 준다. 인정 투쟁은 절대적이며, 죽음도 불사한다는 명예를 거는 방식으로 나아간다. 자기의식은 자신을 입증하기 위해 타자에게 자신을 인정하도록 절대적으로 요구한다. 절대성은 인정에 자기의 목숨을 걸면서 분명해진다.

목숨을 거는 인정은 내가 나만을 자연적 존재에서 분리된 인격이라고 확신하기 때문에 가능하다. 자기의식은 오직 목숨을 걸 때에만 자기 자신의 자립성과 자기 확신의 절대적 크기를 상대방에게 보일 수 있다. 나를 걸고서라도 나는 나임을 확증하고 싶다는 강한 자존심과 자신감을 타자에게 보이는 것이다. 그래서 스스로의 목숨마저 소중하게 여기지 않을 만큼 자연적 존재가 아니라고 강하게 주장하는 것이기도 하다.

이렇게 자기의식은 자기를 인간으로 확신하는 만큼 타자를 자연이라고 깔본다. 물론 다른 편의 자기의식 역시 같은 모습이다. 그리하여 나는 자신의 생명을 나로 인정을 받기 위해 내건다. 욕구에 대한 그 정도의 절박한 절대성만큼이나 내가 나라는 확증의 갈망이 큰 셈이다.

결국 이러한 목숨을 건 투쟁의 끝은 다음의 결과를 낳는다. 자신의 생명을 인정보다 좀 더 소중히 여긴 쪽이 자기 확증을 포기하면서 이 인정 투쟁은 끝나는 것이다.

5 죽음보다 더 소중한 삶의 발견

생사를 건 투쟁을 통해서 자기 자신과 서로를 확증하는 관계는 결국 진리를 발견하게 하기보다는 심지어 자기 확신마저도 전적으로 무산시켜 버린다.

왜냐하면 생명이란 의식을 떠받쳐 주는 자연적인 출발점이기 때문이다. 물론 죽음을 통해 두 개의 자기의식이 서로 목숨을 걸고 상대방의 생명을 업신여기는 것은 확증되지만, 만약에 죽어 버린다면 실제로 싸움에서 이겨도 무슨 소용이 있겠는가? 죽음을 걸고 맞서 있는 두 당사자는 자연적 존재라는 토대에 뿌리내리고 있는 의식이다.

이 경험을 통해서 자기의식은 생명이 순수한 자기의식과 마찬가지로 자기에게 본질적이라는 것을 깨우친다.

두 자기의식은 목숨을 걸고 인정 투쟁을 한다. 승패는 목숨을 별것이 아닌 것으로 여기고 명예를 택하느냐, 아니냐에 달려 있다. 도로의 양 끝에 서로를 향해 달리는 두 차를 생각해 보자. 핸들을 꺾는 자가 지고 겁쟁이로 낙인이 찍힐 것이다. 인정 투쟁의 승리자는 끝까지 핸들을 꺾지 않고 상대방을 향해 달리는 차가 된다.

그러니 인정 투쟁의 결과는 이제 분명해진다. 인정 투쟁은 자기의식에게 자기 자신을 증명하는 것이 생명을 걸고 죽음도 불사할 만큼 소중하다는 것을 일깨웠다. 하지만 죽음을 건 자기 확증은 결국 무의미한 시도에 지나지 않는다. 왜냐하면 목숨을 걸고 투쟁해서 양자가 모두 죽어 버린다면 확신하고자 하는 그 의식마저 사라지게 되기 때문이다. 또한 설사 한쪽만이 살아남는다 해도 그를 인정해 줄 한쪽이 사라진다면, 목숨을 걸면서 증명하고자 했던 인정의 의미 자체가 없어진다. 다른 한쪽이 사라지면 인정 역시 없어지기 때문이다. 그러므로 증명해 줄 존재의 부재가 결코 있어서는 안 된다. 누군가 한 사람이 죽는다면, 자신에 대한 확신은 결국 나만이 확신하는 주관적 확신에 불과하게 된다.

물론 스스로 생명을 걸고 나선 각각의 자기의식 모두는 생을 별것이 아닌 것으로 여길 수 있는 확신이 생겼다. 그러나 자기를 확신하기 위한 죽음을 건 투쟁은 자연적인 존재로 살아가는 자기의식 자체를 사라지게 할 수 있기 때문에 위험한 것이다. 자기의식은 이러한 경험을 통해 마침내 생이야말로 자기 확신을 필요로 하는 자기의식 못지않게 본질적임을 깨닫게 된다. 그리하여 어떤 자기의식은 자연적 존재의 소멸을 의미하는 죽음이 아니라 자기 자신도 살고 상대방도 사는 삶을 택한다.

자기의식에게 죽음은 비루하게 사느니 삶을 버려도 좋다는 명예로운 자기 확증의 자존심을 의미한다. 그러나 이 과정을 통한 결과는 역설적으로 삶이 소중하다는 사실을 깨닫는 데 있다. 삶의 소중함은 자기의식의 자존심을 인정해 줄 수 있는 타인의 생존 필요성, 그리고 타인과 자신의 필연적 관계의 발견으로 나아간다.

6 주인과 노예

결국 이런 문제점을 깨달은 자기의식은 자기의 생명과 다른 자기의식의 생명 모두를 살리는 방향을 택한다. 그것은 바로 타자인 자기의식의 자립성을 파괴해 나에게 복종하게 만드는 것이다. 그 결과 두 자기의식은 자립성과 비자립성으로 분리된다. 끝까지 자기 존립을 고수하는 자립적인 의식과 비자립적인 의식으로 각기 존재하게 되는 것이다. 여기서 자립적 존재는 주인이며, 비자립적 존재는 노예다.

> 한쪽은 독자성이 본질인 자립적인 의식이고, 다른 한쪽은 생명을 본질로 삼아 타자에게 의탁하는 비자립적인 의식이다. 여기서 전자가 주인에, 후자가 노예에 해당한다.
> 주인은 자주적이며, 자립적인 의식이다. 이때 주인으로서 자기의식은 독자적으로 직접 상대방과 관계하는 측면과 타자를 통해 비로소 자립적일 수 있는 매개의 측면을 지닌다.

주인은 자립적 존재며, 노예는 주인에 복속하는 비자립적 존재다. 주인의 자립성은 인정 투쟁의 결과이기도 하다. 주인은 생명을 별

것이 아닌 것으로 여겨 독립성과 자립성을 인정 투쟁을 통해서 성취했다.

비자립적인 노예는 생명을 소중하게 여겼기에 생명을 초월한 주인에게 복종한다. 주인의 입장에서 노예는 자연과 다를 바 없다. 주인과 노예의 관계에서 주인의 자립성은 노예의 인정을 통해 규정된 것이다. 노예는 주인을 명예로운 자로 인정한다. 그 인정으로 말미암아 주인은 자립적인 자기의식의 자리를 차지할 뿐만 아니라 비자립적 자기의식인 노예와 주종의 관계를 맺는다. 노예는 이 관계를 승인하면서, 주인을 주인으로, 자신을 노예로 인정한다.

우선 주인은 사물을 매개로 하여 노예와 관계한다. 노예는 생명에 집착하기 때문에 사물에 속박되어 있다. 노예는 생사를 건 싸움에서 사물에 의한 속박에서 벗어날 수 없었다.

이에 반하여 주인은 싸움을 치르는 가운데 생명을 별것이 아닌 것으로 여기면서 자신을 세계와 분리된 존재이자, 감각적 사물들의 세계 우위에 있다고 확신한다. 이로 인해, 주인은 사물에서 벗어나, 감각적 사물을 자신의 뜻대로 할 수 있는 우위력이 있음을 분명히 하고, 사물을 마음대로 지배할 수 있다. 사물은 주인의 지배 아래 있고 노예는 사물에 의해 지배당하기 때문에, 이 지배적인 힘의 사슬 속에서 주인은 노예를 자기에게 종속시킨다.

이제 주인과 노예의 관계는 누가 감각적 사물인 자연으로부터 수확물을 얻어 내느냐의 문제로 나아간다. 주인은 자신을 감각적 사물인 자연과는 완전히 분리하면서, 감각적 사물인 자연을 자기 마음대로 할 수 있는 지배력을 얻었다고 확신한다. 그는 자연 사물과 분리되었기에, 지배력이 있다. 노예가 보다 자연적이기 때문에, 노예가 그 일을 담당한다.

주인은 더 이상 자연과 관계를 맺지 않고 노예를 통해서 자연의 사물들을 획득한다. 노예는 주인을 자연과 연결하는 매개체가 된다. 주인은 노예를 매개로 해서 욕구의 대상인 자연적 사물을 취하며, 노예를 부리면서 지배권을 행사한다.

주인은 자연적 사물과 노예를 소유한 자며, 이런 소유 관계가 계속 자연과 노예를 주인의 뜻에 복종하고 지배받도록 한다. 물론 노예는 사물을 가공하고 획득했다. 하지만 노예는 주인의 소유물이기 때문에, 노예가 자연으로부터 얻은 사물은 노예의 것이 아니라 주인의 것이다. 그 결과 사물을 독점한 주인은 자연에서 얻은 대상물을 통해 생존하려고 하는 노예의 생존권을 완전히 장악한다. 이렇게 노예의 생사를 쥔 주인은 노예에게 더 많은 자연적 사물을 생산하도록 강제하면서 사물을 독점한다.

그런데 주인과 노예의 관계는 인정 투쟁의 결과에 따른 것이다. 주인이 주인일 수 있는 것은 목숨을 걸고 자립성이 생보다 더 소중하다는 것을 보여 줌으로써 스스로가 자연과 분리된 자립적인 존재임을 증명했기 때문이다. 반면 노예가 노예인 것은 자연적인 존재로서의 생을 포기하지 못하고 생과 자연에 예속된 상태를 수용하여 자신의 비자립성을 받아들였기 때문이다. 주인은 죽음조차 상관없다는 태도로 자신이 자연적 존재를 넘어섰다는 것을 보였다. 말하자면 자기를 입증하고 싶다는 강한 인정의 욕구가 죽음을 불사하게 한 것이다. 이에 반해 노예는 죽음을 건 인정보다는 생명의 보존을 택했고, 그의 욕구를 생물적인 차원에 종속시켰다. 그로 인해 노예는 비자립적 존재가 되었다. 그는 자신의 자립성을 자연에서 찾음으로써 다른 자기의식의 인정을 포기한 것이다.

하지만 여기서 새로운 국면이 열린다. 주인은 노예에게 사물의 가공을 다 맡기며, 자기의 욕구를 채우려고 한다. 하지만 자연적 사물은 주인의 마음대로 할 수 없다. 사물은 자기만의 자립적 특징을 갖고 있는 것이다. 다시 말해서 감각적 사물은 인공적 물질이 아니라 자연의 산물이기 때문에, 자연의 산물인 사물을 인위적으로 가공한다는 것은 쉬운 일이 아니다. 따라서 주인은 사물을 가공하는 일을 노예에게 하도록 한다. 다시 말해 노예에게 사물을 가공하도록 시키면서, 주인이 지닌 사물에 지배력이라는 자립성이 노예에게 부여된다. 이렇게 해서 주인은 더 이상 자연과 관계하지 않는다. 이는 주인으로 하여금 자연적 사물과의 관계에 영향력을 미치지 못하게 하고, 주인은 자연 사물과의 관계에서는 비자립적인 존재가 된다.

　헤겔은 여기서 중요한 사실에 도달한다. 그것은 바로 노예가 실상 주인의 노예가 아니라는 사실이다. 엄밀하게 말하자면 노예는 생을 포기하지 못했기에 오직 삶의 노예일 뿐이지 주인의 노예는 아니다. 그저 자연적 상태에 예속된 자연의 노예일 뿐이다. 그런데 이러한 자연과 관계하는 자립성은 주인이 아닌 노예에게 전적으로 달려 있다. 왜냐하면 자연을 가공하는 노동의 주체가 노예이기 때문이다. 여기에서 주인과 노예의 극적인 반전 드라마가 시작된다. 이 반전 드라마를 다음 장에서 보기로 하자.

4장 자기의식과 노동

이번 장에서는 인정 투쟁 후 벌어진 주인과 노예의 상황으로부터 논의를 시작한다. 생명을 포기하지 못한 노예는 주인에게 복종한다. 노예는 주인이 시키는 강제적 노동을 묵묵히 해낸다. 여기서 노예는 자신의 생명을 위해서만이 아니라, 주인의 욕구를 충족시키기 위해서 자연과 관계를 맺는 것이다.

주인이 노예를 지배하고 노동을 하도록 강제하는 사태는 역설적으로 노예에게 자연 사물을 바로 소비하려는 욕구를 지연시키고, 자연의 법칙을 알 수 있는 계기를 마련해 준다. 이를 통해 노예는 자연의 사물을 직접적으로 다 소비하지 않고 가공하여 새롭게 산출하는 노동에 도달한다.

노동은 자연적 존재로 묶인 노예에게 해방의 기회를 제공할 뿐 아니라 자기를 성찰하여 스스로를 규명할 수 있게 만든다. 이제 노예는 진정한 자립성과 자기의식에 도달하는 상황을 맞이한다. 이렇게 해서 노예는 비자립적 존재에서 벗어나 인정 투쟁에서 잃어버린 자신의 자유를 되찾는다. 반면 주인은 자립성을 유지할 수 있게 만드는 자연으로부터 유리되어 점차 비자립적인 존재로 전락해 간다. 주인과 노예 사이에는 극적인 반전 드라마가 일어난 것이다.

이번 장은 노예가 노동을 통해 자기의식에 도달하는 반전의 과정과 그리하여 주인과 노예가 올바른 상호 인정에 도달하고 진정한 자립적 존재로 성장하는 과정을 주로 살펴볼 것이다.

1 노동과 욕구: 사물의 가공

인정 투쟁의 결과 노예는 주인에게 예속되고 노동으로부터 주인을 자유롭게 해 준다. 대신에 자신이 주인의 몫까지 책임지며 자연적 사물을 채집하고 가공하는 노동을 맡는다. 이제 주인은 자연과의 관계에서는 전적으로 무기력하며 자립적일 수 없다. 만약 노예가 없다면 주인은 자연으로부터 어떠한 수확물도 얻지 못한다. 물론 주인은 노예를 부리면서 통제한다. 하지만 그는 생존에 필요하고 그 자신의 욕구 충족 대상인 자연을 노예를 통해 간접적으로 얻을 뿐이다.

주인은 노예를 부려 그로부터 얻은 자연의 사물을 향유하고 그것을 자신의 욕구를 위해 사용하면서 자기 자신이 주인이라는 사실을 완전하게 확증한다. 주인에게 세계는 주인을 위해 존재하는 대상일 뿐이다. 그러므로 주인과 무관한 채 있는 세계라는 것은 상상할 수도 없다.

주인은 노예를 훨씬 뛰어넘은 권력자다. 그는 (이것을) 투쟁을 통해서 이미 입증시켰다. 이와 같이 이제 주인은 존재를 제압하는 권력이고 타자, 즉 노예를 제압하는 권력이다.

앞에서 지적했듯이, 노예는 생을 포기 못한 생의 노예다. 그는 여전히 자연(생명의 원천)에 종속해 있다. 노예는 자연적 세계와 자신을 분리하지 못한다. 그는 세계와 더불어 있으며, 세계 그 자체다. 그 자신이 세계이기 때문에 노예는 주인과 달리 자연의 사물을 자신과 무관한 것으로 여길 수도, 완전히 부인할 수도 없다.

오히려 노예는 자연이 자신과 마찬가지로 마음대로 할 수 없다는 것을 안다. 그는 자연이 지닌 자립적인 힘을 인지하고 이를 세계의 법칙으로 이해한다. 노예는 순식간에 퍼붓는 비가 자신을 삼킬 수도 있다는 현실을 통해, 그리고 산불로 인해 숲에 사는 모든 생명체가 절멸하는 것을 보면서 자연의 절대적 자립성을 깨닫는 것이다. 하지만 자연은 노예에게 자신의 생을 유지하기 위해 필수 불가결한 대상이다. 뿐만 아니라 노예라는 사실 때문에 노예는 주인의 욕구를 만족시키기 위해 억지로라도 자연과 관계를 맺을 수밖에 없다.

이렇게 자연과 접하는 과정에서 노예는 사물(세계)의 자립성을 경험하고 이해하게 되었기 때문에 자연을 완전히 파괴하는 방식을 취하지 않는다. 그는 자연을 인간에게 적절한 형태로 이용할 수 있도록 가공하기만 한다.

노예는 사물을 부정하는 관계를 맺으면서 이 사물을 지양한다. 그러나 동시에 이 사물은 노예에 대해 일종의 자립적인 측면이 있기 때문에, 노예는 사물을 완전히 없애 버리는 극단적인 상태로 부정하지 못한다. 말하자면 노예는 여기서 단지 사물을 가공하는 데 그칠 뿐이다.

자연적 상태에 머물러 있던 인간은 사물을 향유할 만큼의 능력을 갖지 못했다. 단지 자신의 생명을 유지할 수 있을 만큼 자연을 직접적으로 사용했다. 인간은 이런 상태에서는 자연에 예속되어 있는 존재다. 이 상태에서는 채집할 수 있는 열매가 없거나 갑작스러운 자연재해를 당하면 인간은 직접적으로 영향을 받는다. 다시 말해, 인간은 자연의 먹이 사슬 안에서 벗어나지 못하고 자연에 전적으로 자신의 탄생과 죽음이라는 생 전체를 내맡기고 있는 것이다.

헤겔에 따르면 이와 같은 사태에서 인간은 자연이 생산해 낸 대상(사물, 곧 의식주에 필요한 물건들)을 완전히 소멸시키기만 할 뿐이기에, 그 욕망은 동물과 다를 바 없다. 동물은 자연 파괴 이전과 이후에 대해 전혀 생각하지 않으며 단지 지금의 욕구를 충족하기만 갈망한다. 동물은 단지 그 순간과 본능에 충실할 뿐이다.

그러나 인정 투쟁 이후 노예와 주인으로 구분된 다음, 노예가 된 인간은 자연을 다른 방식으로 이해하며 욕구의 형태 역시 변화시킨다. 그는 자연과의 접촉을 경험하면서 자연의 사물 역시 인간이 마음대로 할 수 있는 것이 아니며 인간이 어찌할 수 없는 자립성을 지녔다는 사실을 깨닫는다. 여기서 그는 자연을 파괴시키는 즉각적인 욕구 충족 행위를 멈추고 자연을 가공해서 욕구를 충족시키려고 한다. 이것은 노예가 스스로의 욕구를 지연시키는 과정이기도 하다. 앞에서 살펴본 것처럼 인정 투쟁에서 패배한 노예는 주인의 생명에 필요한 몫을 얻기 위해 주인이 시키는 강제 노역을 했지만, 그 과정에서 도리어 자연의 자립성을 깨닫기에 이른 것이다.

비록 강제 노역일지라도 노동 과정을 거치면서 노예는 단지 욕구하고 바로 충족하는 악순환에서 벗어난다. 인간은 자연에서 채집한 생산물을 바로 없애지 않게 되며 지금의 욕구를 어느 정도 지연하는 지혜를 얻게 된다. 반면 주인은 생을 유지하기 위한 욕구 충족에서 주인 자신의 몫까지 노예가 강제로 만들도록 시켰다. 그리고 주인은 노예가 그를 위해 마련한 사물을 아무런 주저 없이 마구 소비하고 향유하면서 충족감을 누린다.

이런 점에서 주인은 노예를 통해 간접적으로 사물에 관계한다. 그러나 노예는 사물을 가공한다. 주인은 노예라는 매개를 거쳐, 사물을 그저 향유한다. 그는 사물을 향유하면서 만족을 누린다.

향유하는 주인과 달리, 강제적 부림 속에서 노예는 욕구를 지연시키면서 중요한 깨달음을 얻는다. 그것은 바로 노동이라는 자각이다. 노예는 사물의 자립성이라는 자연의 법칙을 알기 때문에 사물을 직접적으로 바로 욕구하여 없애지 않고, 이를 가공하기에 이른다. 이러한 가공의 행위가 바로 노동이다.

노동은 직접적으로 주어진 욕구를 바로 충족시키지 않고 어느 정도 지연시켰기에 이루어진다. 이 점에서 노동은 '욕구의 지양'이다. 바로 욕구를 실현해 사물을 소비해 버리지 않고 소비를 지연시킬 수 있게 된 것이다. 욕구의 지양이 가능했던 까닭은 노예의 일이 자기 자신의 욕구 충족을 위한 것이 아니라 오직 주인의 욕구 충족을 위한 행위였기 때문이다.

노예의 노동은 주인이 사물을 편안하게 취득할 수 있게 하기 위한 것이었다. 여기서 노동의 대가는 노예가 아니라 주인이 차지한다. 그러니 노예의 노동은 주인이 사물을 온전히 향유할 수 있도록 노예에게 주어진 강제 노역이다. 처음에 노예는 인정 투쟁에서 실패한 비자립적 의식이었으나 이제 노예는 주인에게 사물을 얻기 위한 도구로 바뀐다. 하지만 노예는 주인의 강제에 따라 자연을 가공하는 도구 역할만 하는 것이 아니라, 주인이 담당해야 하는 자연을 욕구하는 자립성도 양도받게 된다.

노동 행위라는 측면에서 보자면, 노예는 도구이며 노동 행위의 원인은 주인의 강제력에 있다. 그런 강제적 행위를 시키는 주인과 이에 따르는 노예의 관계는 인정 투쟁의 새로운 국면을 연다. 주인은 우선 노예와의 관계에서 주인으로서 인정을 받으며 자신을 확신한다. 주인은 노예가 주인의 지배를 인정하면서 그에게 종속되어 사물을 가공하게 되자 이제 지배자인 주인이 된다. 그렇지만 주인은 오로지 노예에 의해서만 주인으로서 인정될 뿐이다.

반면, 주인과 다른 의식인 노예의 경우는 다르다. 노예는 생명을 택해서 주인을 인정하고 노예가 되었다. 노예는 주인에 의해 노예로 인정받은 것이 아니다. 주인의 관심은 오직 자기 자신의 인정에만 있기 때문이다. 주인에게 노예는 더 이상 인격적 존재가 아니라 자연과 마찬가지인 욕구 충족의 대상일 뿐이다.

그런데 여기서 중요한 반전이 일어난다. 노예가 주인에 종속되어 강제적으로 행한 노동 과정에서 노예의 자기 인정이 이루어지기 때문이다. 노예는 사물을 가공하고 그 결과물을 자신의 소유로 할 수 없다는 사실로부터, 노예로서의 자기 자신을 자각하고 인정한다.

2 불평등한 인정과 자립적 의식

이처럼 주인과 노예 사이에 발생한 인정 관계는 일방적이며 불평등하다. 노예는 주인을 인정하고 주인도 노예의 인정을 통해 자기를 확증했다. 하지만 주인은 노예를 인정한 것이 아니다. 노예는 주인과 노예의 관계에서가 아니라, 자기가 인정한 주인이 강제한 노동 과정에서 스스로를 노예로서 인정한 것이다.

여기서 헤겔은 일종의 역설과 반전을 발견한다. 불평등한 인정으로 말미암아 주인이 지닌 자립성이 실은 주인 스스로가 세운 것이 아니라 비자립적인 노예의 인정에 의존하여 성립되었다는 사실이다. 노예가 비자립적인 존재이기 때문에 그가 승인한 자립성은 진짜 자립성이 아니라 가짜 자립성일 뿐이다. 자신이 자립적이라는 주장과 확증은 자립성을 지닌 존재에게 그것을 승인받을 때만 가능하다. 다시 말하자면, 주인이 그 자신과 마찬가지로 자기 존재를 자립적이라고 인정하는 존재에게서 자립성을 확증받을 경우에만, 주인이 주인일 수 있는 것이다.

그런데 이와 같은 상황이 아니기 때문에 주인의 자립성은 노예의 인정에 좌지우지되어 버리는 결과를 낳았다. 그러므로 불평등한 인정은 사실상 아무런 가치도 없는 것이다. 게다가 주인으로서 지위 확립 또한 불완전해진다. 주인은 노예라는 비자립적인 의식을 통해서 인정받는다. 이로 인해 자립적으로 보이는 주인은 사실상 노예에 의존하는 존재일 뿐이다. 또한 사물을 가공하는 노동 과정을 보자면 주인은 완전히 자신의 자립성을 잃고 노예에게 간접적으로 의탁한다. 결국 주인은 도리어 비자립적인 존재임이 드러난다.

반면 노예의 사정은 다르다. 자립적 존재인 자연에 대한 노동 과정을 통해서 노예는 자기가 누구인지 알게 되는 자기 인정을 스스로 완성하며, 마침내 자립성을 지닌 의식으로 성장한다.

주인이 성취한 것은 자립적인 의식이 아니다. 주인은 오히려 비자립적인 의식에 지나지 않는다. 따라서 그는 결코 스스로를 자각하지 않았기에 비본질적인 의식이며, 그의 행위도 그러하다. 오히려 노예가 자립적인 진리를 깨달았다. 물론 노예와 주인 모두 자기가 의도한 바와 반대되는 본질을 드러낸 것이다. 노예는 예속되었지만, 그것을 통해 자기를 완성하면서 지금의 위치와는 반대되는 상황에 이른다. 즉, 노예는 스스로 성찰하면서 진정한 자립성의 소유자가 된다.

그렇다면 노예의 자립성은 어떻게 확보되는 것일까? 최초에 노예는 주인에 의해 비본질적이고 비자립적인 의식으로 규정되었다. 그 때문에 노예는 주인에게 예속되어 강제적으로 노동하고, 주인은 노예의 노동이 만들어 낸 사물을 향유한다. 하지만 역설적으로 이러한 강제 노동은 노예를 자립적인 의식으로 만드는 계기가 된다. 그래서 자연적 존재에서 탈출하기에 이른 것이다.

앞서 살펴본 것처럼 노예가 된 이유는 그가 인정 투쟁에서 목숨을 버리지 못했기 때문이다. 그 결과 노예는 생에 묶인 자연적 존재로 남았다. 그러나 노예를 얽매고 있는 사슬은 주인이 아니라 다름 아닌 자신이다. 노예는 주인의 노예가 아니라 자연의 노예이자 생의 노예이기 때문이다. 하지만 노동은 이러한 노예의 상황을 바꾼다. 생에 종속되었을 때 노예는 자연적 존재로서의 의식이며 비자립적 의식이었다. 노예는 강제 노역을 거치면서 사물의 자립성이라는 법칙을 깨닫게 되고, 사물을 완전히 소멸시키지 않고 변형시키고 가공하는 노동을 하기에 이른다. 이런 노동 과정을 통해 노예는 자신을 규정하는 자연성과 맞닥뜨리고 이를 조정할 수 있는 힘을 갖게 된다. 즉, 자기 자신의 비자립성이 자연성에서 나왔다는 사실을 인지하고, 사물(자연)을 가공하는 노동 속에서 자연에 대한 의존성으로부터 벗어난다.

그는 노동을 통해 자연에 무작정 의탁하는 예속의 상태에서 벗어나 스스로를 자연 밖으로 고양시킨다. 노동의 힘에 의해 자연적 존재인 자신의 비자립성을 지양하고 스스로 자립성을 획득하는 존재로 서게 된다.

3 노동과 자립적 의식

노예가 자립적 의식이 될 수 있었던 것은 바로 노예 자신의 '노동'에 의해서다. 노동을 통해 노예는 자연적 존재라는 그 자신이 처한 상황을 인식하고 지양했다. 노예의 노동은 주인의 강제적 사역에서 시작되었지만, 이제 그것은 오히려 주인을 노예에게 복속하게 만든다. 주인이 자연을 향유할 수 있는 것은 노예의 노동에 의해서이기 때문이다. 따라서 노예의 노동이 없다면 주인은 욕구 충족 자체만이 아니라 최소한의 생의 유지마저 불가능해진다. 그러므로 사물을 제공한다는 측면에서 보았을 때, 노예는 사물을 형성하는 노동의 계기를 거쳐 주인을 종속시킨다.

주인은 노예의 인정에 의해 자립성을 획득했지만 주인 역시 여전히 자연적인 존재로서 머물러 있는 상태였다. 왜냐하면 주인 역시 자신의 욕구를 직접적으로 발산하고 이를 곧바로 충족하려는 점에서 여전히 자연적인 존재이기 때문이다. 인정 투쟁에서 확인했던 것처럼 생을 유지하는 것 역시 목숨을 걸고 자립성을 증명하려는 것만큼이나 중요하다. 주인이 생을 유지하는 존재인 이상, 그 역시 욕구를 요구하고 이를 충족시켜야 한다. 그러나 주인은 사물을 직접적으로 부정하고 소멸할 뿐이다. 그리고 노예의 노동을 통해서만 주인은 그 욕구를 채우고 향유하는 것이다.

얼핏 보았을 때 노예는 자연과 마주하며 노동을 해야 하기 때문에 자연과 사물에 지배되는 것처럼 보일 수 있다. 반면 주인은 노예가 마련해 준 사물을 소비하고 향유하고 있으니 자연으로부터 완전히 자유로운 것처럼 여겨진다. 그러나 이것은 사실이 아니다.

주인의 욕구는 오직 대상의 순수한 소비만을 고집하면서 자기 자신의 욕구를 채우려 든다. 그러나 바로 이런 이유로 인해서 주인이 만끽하는 충족감 속에는 자연적 대상을 지속적으로 존속하게 하려는 고려는 전혀 없다. 노동하지 않는 주인은 자연적 대상을 지속적으로 존재하게 하는 산출을 행하지 않는다. 그는 단지 노예 노동의 생산물을 소비하고 파괴할 뿐인데, 이러한 주인의 쾌락과 충족은 순전히 주관적인 욕구일 뿐이다.

헤겔에 따르면, 주인은 욕구를 직접적으로 요구하고 충족하려는 무한한 악순환에 빠진다. 하지만 노예의 노동은 그 욕구를 지양하면서, 대상을 파괴하기보다는 노동을 통해 새로운 형태로 가공한다. 대상은 파괴되지 않고, 변형되면서 존속된다. 그리고 노예는 노동을 통해서 자립적인 존재가 다름 아닌 자기 자신임을 발견한다.

노예의 노동은 사물을 완전히 소비되지 않고 새롭게 규정한다. 이에 따라 욕구의 충족 역시 바뀐다. 이제 욕구는 사물을 직접적으로 완전히 소비하는 방식이 아니라 사물에 형식을 부여하는 가공 노동을 매개로 삼아 자연과 간접적으로 관계하면서 성취된다. 예를 들자면, 자연 상태에서 인간은 자연이 생산한 그대로를 채집하거나 수집하면서 살아간다. 하지만 사물을 가공할 수 있는 노동을 하면서 인간은 자연 상태를 벗어나게 된다. 그러하기에 욕구는 인간을 자연의 고리에서 벗어나 인간 삶의 생성과 소멸을 스스로 창출하는 것으로 맞추어진다.

여전히 자연은 인간에게 소재로서 필수적이다. 그러나 인간은 자연적 소재를 이용해 제2의 자연을 만들어 내고 자연의 자기 생산을 넘어서는 생산을 창출하게 된다. 그리고 자연의 자립성으로 인해 발생했던 노동의 고통은 점차 자연의 법칙을 인지함에 따라 줄어든다. 뿐만 아니라 자연에 새로운 형식을 부여하는 인간 노동은 자연으로부터 얻는 산물의 생산을 증대함으로써 인간 삶의 질적 향상에 기여한다. 이런 과정을 거치면서 이제 욕구의 성취는 즉각적인 소비가 아니라 창조로 변화한다.

4 진정한 자기의식

무엇보다도 노동은 세계를 변화시킬 뿐 아니라 노예 자신도 변화시킨다. 《정신현상학》에서 노예의 노동을 부각하는 까닭은 노동의 이면에 의식의 형성이 있기 때문이다. 헤겔에 따르면 인간은 자기 스스로를 형성하지 않고서는 결코 어떤 사물도 형성할 수 없다. 노동을 통해 사물을 형성하는 가운데서 의식이 경험하게 되는 것은 곧 "자기 자신을 통한 자기의 재발견"이다. 즉, 의식은 노동 행위를 통해 대상의 형태를 만들고, 이와 더불어 자기를 형성하면서 마침내 자기 자신을 자립적인 존재로서 인정하게 된다.

사물을 형성하는 단계에 와서는 노예적 의식은 자기 자신에 대한 진실을 깨우치게 된다. 노예 의식이 도달한 어떠한 깨달음, 즉 자기 자신에 대한 진실, 진리는 사물을 가공하면서 만들어졌다. 노예는 노동하면서 사물을 가공하는 동시에 자기 자신도 바꾸었다.

사물을 형성하면서 노예는 자기 자신을 형성하고 자기의식의 자립적 형식을 마련한다. 따라서 그가 자신의 행위인 노동의 산물에서 발견하는 것은 다름 아닌 자기 자신이다. 반면 주인은 단지 일시적인 향유만을 누릴 뿐이다.

여기서 노예는 자신의 노동을 통해 자기 자신에 대해서뿐만 아니라 자연과 사물에 대해서도 관조할 수 있게 된다. 노예는 자기의식의 진정한 실현을 달성한 것이다. 노예가 겁내던 자연적 존재의 성질은 제거되고 이 요소 속에서 등장하는 것은 다름 아닌 순수한 자기의식이다. 그러나 자기의식은 자연적 존재와 분리되지 않는다.

예전에는 노예였으나, 이제 노동을 통해서 노예의 상태에서 벗어날 수 있게 된다. 그러나 주인처럼 자신을 자연적이지 않다고 주장하는 것이 아니라 자연과 분리 불가능한 자신을 인정하는 동시에, 이를 이해하기 위해서 자연적 존재와 이러한 사실을 관조할 수 있는 자기의식을 구별하고, 이 둘 모두 자신임을 이해하여 통일할 수 있게 된다. 즉, 자기의식은 자연적 존재가 아니라는 사실에 만족하지 않고 여전히 자연적 존재라는 사실에서 자기 자신을 발견하고, 그 사실로부터 새로운 자기 자신의 모습을 부여하는 결과에 이른다.

이제 노동은 노예만이 행하는 예속적 행위를 뜻하지 않는다. 우선 노동은 사물을 지배하고 형성하여 생산을 증대하는 것이다. 그러나 형성 그 자체가 이미 노동이라는 점에서 노동은 인간의 내면적인 형태를 형성하는 것이기도 하다. 노동은 사물에 대한 노동임과 동시에 노동하는 사람에 대한 노동이다. 달리 말해 노동은 사물과 더불어 인간도 함께 발전시키는 것이다. 이러한 내면의 형성에 대해서는 다음 장에서 보다 자세히 살펴보자.

5 공포를 느끼는 존재에서 반성하는 존재로

노동은 내면의 형성에 지대한 역할을 담당한다. 노동으로 말미암아, 노예는 비자립에서 자립으로 나아가며 공포에서 벗어나 반성하는 존재로 거듭난다. 최초에 노예의 의식 상태는 자신의 비자립성을 인정하는 상태였다. 노예에게 주인은 자신이 갖지 못한 자립성을 지닌 존재였다. 주인은 노예가 절대적으로 복종을 해야 할 존재이기에 노예는 권력을 지닌 주인에게 항시 공포를 느껴 왔다. 노예의 공포는 이에 그치지 않는다. 노예는 생사를 거는 투쟁에서 생을 포기하지 못했다. 노예는 생 전반에 엄습하는 죽음에 대한 두려움 역시 지니고 있다. 이는 노예가 자신을 자연과 분리하지 않았기 때문에 생긴 공포다.

노예는 예속되었기 때문에 불안을 갖고 있다. 이 불안은 우발적으로 생겨나거나 어떤 것에 관한 불안 혹은 특정한 순간에 닥치는 불안이 아니다. 이 불안은 그야말로 자기의 존재에서 비롯되는 불안이다. 이 것은 무한정한 힘을 지닌 주인과도 같은 죽음에 대한 공포다.

이러한 공포 때문에 내면에서 파멸에 직면한 노예는 아주 심한 전율을 느끼면서 그를 지탱해 왔던 모든 것이 흔들리는 동요를 느낀다.

이같이 두려움에 떠는 노예의 공포는 주인에 의해 강제적으로 시행하는 노동 속에서 한층 더 가중된다. 공포는 한순간의 혹은 잠깐잠깐 정도의 공포가 아니라 생의 전반에 걸쳐서 자신의 내면을 뒤흔들어 전율을 일으키며 결코 멈출 수 없는 것으로 다가온다.

노예는 이 공포 속에서 자신의 온 존재에 대한 불안과 전율을 체험한다. 노예는 자신을 유지하고 있는 모든 것이 흔들린다는 사실과 마주한다. 공포로 말미암아 그는 삶을 지속하는 모든 것들이 찰나에 혼돈으로 흩어질 수도 있고, 생명이 유동적인 변화에 놓여 있다는 느낌에 휩싸이게 되는 것이다. 이러한 상황은 노예를 언제나 변화 가능하며 그 자신이 운동 속에 있는 자라는 자각에 이르게 한다.

운동은 기존의 모든 것이 머물러 있지 않고 유동적인 것이 된다는 것을 의미한다. 그리고 이러한 변화의 운동은 자기의식의 궁극적인 본질이며, 모든 것을 부정하는 것이기도 하다. 노예는 바로 운동성을 가졌다는 점에서 자기의식의 본질을 지닌 자가 된다.

실은 이러한 노예 신분을 타고난 자야말로 순수한 부정성과 자신의 위치를 자각하는 존재의 진리를 이미 몸소 체득했다. 왜냐하면 노예는 바로 그러한 실상을 몸소 경험했기 때문이다.

즉, 노예의 의식은 단지 우발적으로 불안과 공포를 느끼는 것이 아니라 존재 전반에 대한 두려움을 느꼈다. 왜냐하면 노예의 의식은 죽음의 공포, 즉 절대적 권력자로서의 주인에게서 공포를 느껴 왔기 때문이다.

이와 같은 공포 속에서 결국 내적 깊숙이 허탈감에 빠지고 내면에서 전율을 체험한 노예의 의식은 평온을 유지하던 모든 것이 흔들리는 상황을 보았다.

순수한 일반적인 운동은 지속적으로 존재하는 것처럼 여겨지던 모든 것이 절대적으로 유동적이라는 것을 뜻한다. 노예는 이 사실을 알았다. 노예는 주인에게 종속되면서 더욱 이 경험을 심화시켰고, 몸소 체득했다. 노예는 이러한 깨달음 속에서 자기의 굴레에서 벗어난다.

노예는 이제 자기의식의 절대적 부정성과 순수한 대자성, 다시 말해 절대적 유동성을 자각한다. 이로 인해서 인정 투쟁에서 노예를 얽매어 왔던 자연적 생을 벗어 던지고 자기의식에로의 자각을 마련한다.

공포로 인해 노예는 자기의식을 자각했으나, 이는 주관적인 계기에 그칠 뿐이다. 즉, 주인의 폭압에서 비롯된 공포의 감정이 지혜를 싹트게 하는 단초가 될 수는 있다 하더라도 그 사실을 의식하는 데 그칠 뿐 결코 자신의 위치를 객관적으로 통찰할 수는 없다.

그런데 통찰은 바로 노예가 대상에 형식을 부여하는 노동을 통해서 발생한다. 노동하면서 노예는 재료로 다루어지는 감각적 대상과 노동을 행하는 자기 자신을 분리하며 자기 성찰의 과정을 경험한다. 이 경험은 노예로 하여금 진정한 자기 위치가 무엇인지를 자각하게 하며, 노예는 스스로 홀로 서 있는 자립성의 진리를 실제적으로 체험한다. 그러므로 노예의 진정한 자기의식의 통찰은 오직 노동을 통해서만 이루어진다.

> 노동은 제대로 발산·소화되지 못한, 즉 저지당한 욕구이자 동시에 만류되고 억제당한 소멸인가 하면 사물을 형성·규정하는 것이다. 노동은 대상을 완전히 없애지 않고 대상을 유지시키는 형식을 부여한다. 이러한 노동으로 인해 노동하는 의식은 자립적인 존재가 다름 아닌 자기 자신임을 직관하기에 이른다.

헤겔에 따르면 노동으로 인한 자기의식에 대한 확인은 바로 '자기 자신에 대한 반성'을 의미한다. 반성은 스스로 거울에 비추어 보듯 자기를 아는 행위이며, 자기가 무엇이라고 정립하는 것이다. 또한 기존의 상태를 부인하여 계속 운동을 행하는 부정의 부정이다.

이러한 노동은 대상으로서의 사물과 노동하는 자기의식을 매개하고 연결한다. 노동은 사물을 즉각 없애지 않고, 자기의식으로 하여금 사물에 새로운 내용을 부여하여 산출하고 형성하게 한다. 예를 들자면, 자연으로부터 채집한 열매를 다 먹지 않고 땅에 씨를 뿌려 더 많은 작물을 수확하는 것이다. 그래서 노동은 사물을 완전히 소멸하려는 부정을 다시 부정한다는 점에서 반성인 것이다.

이러한 반성인 노동을 통해 자연을 가공하여 얻어진 노동의 산물을 얻으면서, 노예는 자기의식을 확인하며 스스로의 자립성을 세운다. 인간은 노동에서 얻어진 산출물을 가지고 자신을 확인하고 충족하는 것이다. 따라서 반성은 그저 사유의 행위만이 아니라 노동 과정 자체 내에서 발생하는 구조를 말한다. 그러므로 반성은 노동을 통해서 완수될 수 있다. 다시 말하자면 헤겔에게 노동은 자기 자신을 확인하는 반성 행위인 것이다. 이러한 노동은 그저 자기 자신의 자립성을 세우는 것으로 바로 끝나지 않는다. 노동은 타인을 이해하고 타인과 관계 맺는, 상호 인정의 토대를 마련한다.

6 노동과 인정

노예의 자기의식의 운동성은 노동을 통해서 이루어졌다. 노동은 인정을 추구하던 자기의식을 주인과 노예의 관계로부터 벗어나게 하는 중요한 의미를 지닌다. 노동을 거치면서 자기의식은 자기 존립적인 자신을 확인하는 동시에, 다른 자기의식과 주종관계가 아닌 상호 인정에 바탕을 둔 관계를 맺게 된다. 노동은 자기의식을 개체적 자립에서 상호 인정의 관계로 발전하는 계기를 마련하게 한다.

헤겔에게 노동은 자기의식을 확인하는 반성의 성격뿐 아니라 다른 자기의식과 평등하게 서로를 인정하며 관계를 맺는 사회적인 성격을 지닌 것이다. 노동의 사회성은 노동이 타인을 인정하게 하는 중요한 매개임을 알 수 있게 한다. 노동의 매개성에 대해서 살펴보면 다음과 같다.

단순하게 보면, 우선 노동은 즉각적 욕구를 지양하고 사물을 가공하는 행위이다. 즉, 이러한 노동으로 말미암아 인간은 그저 자연에 속해 있는 상태에서 벗어날 수 있게 된다. 하지만 자연에서 벗어난다는 것은 매우 중요한 변화를 일으킨다. 노동은 인간을 더 이상 자연에 순응하는 존재가 아니라 자연을 가공할 수 있는 존재로 세운다.

그리고 인간은 자연을 넘어서 사회를 일구어 낼 수 있는 역량을 마련한다.

헤겔에 따르면, 사회는 한 개인으로 존재하는 것에서 벗어나, 인간과 인간 간의 상호 인지와 인정의 기초적 토대가 된다. 이러한 관계를 바탕으로 개개의 자기의식들로 구성된 사회의 형태가 구성된다. 노동은 개별성을 보편성으로 확대시키는 매개인 것이다. 이 노동은 공동체의 욕구의 충족을 위한 공공적 노동으로 발전한다.

이제 노동 역시 자연의 장에서만이 아니라 사회의 영역에서 벌어지는 활동이다. 이 노동은 개체 생존의 단순한 욕구를 채우는 수준에서 머물지 않고, 사회적으로 필요한 욕구를 위한 것이 된다. 따라서 노동 역시도 개인의 노동이 아니라 인간 간의 인정을 기반으로 하는 사회적 노동이 된다. 이러한 노동은 공동체적 행위이자, 공동체라는 사회를 더 확장시키는 밑거름이 된다. 즉, 개인의 노동만이 아닌 사회적 노동의 성격을 갖는다. 노동은 욕구의 공공성을 실현하기 위한 것으로 변화한다.

노동으로 말미암아 사회적 기반을 가꾸고, 이 과정에서 노동 역시 사회적 성격으로 발전하게 되면서, 인간이라는 정의 역시 달라진다. 즉, 인간은 단순한 개체적 상태가 아니라, 다른 인간들과 더불어 존재하는 관계적 존재로서 거듭난다. 그런 점에서 노동은 자연 대상을 변형하는 행위만이 아니라, 자기 자신의 정체성 확인과 자기와 마찬가지로 인정을 욕구하는 또 다른 자기의식과의 관계를 새롭게 규명하는 매개가 되는 것이다.

헤겔의 전망에 따르면, 이러한 인정을 추구하고, 인정을 거치면서 자기 자신을 스스로 정립하는 존재들은 인정하는 서로를 일종의 사물이나 도구로 대하는 것이 아니라 목적으로 대우한다. 자연 상태에서 각각은 상대방을 자기와 똑같은 인격체로 인식하는 것이 아니라, 일종의 사물 혹은 자기 외부에 있는 자연으로 인식한다. 이로 인해 각각은 서로를 배척하고 서로에 대해서 자유롭지 않다. 그런데 자기의식의 자연성이 극복되면서 각 자기의식은 다른 의식 역시 자기만큼 자립적인 존재라는 사실을 인정하게 되고 상호 공존이 필요하다는 사실을 깨닫는다. 즉, 인정은 일방적 형태를 버리고, 상호성을 통해 그 의미를 획득한다.

상호적 인정의 확대는 점차 개별에서 일반으로 확대된다. 이 개별자로서 자기의식은 자연 세계로부터 인정을 획득하며, 자기와 똑같은 의식에게 인정을 받고 공동의 인정으로 나아간다. 따라서 자연성을 극복하게 만드는 노동으로 말미암아 각각의 자기의식은 사회 속에서 존재하는 사회적 의식으로서 자기 자신을 발견한다. 이제 인정은 각각 자기 자신에 부여한 가치의 자족이 아니다. 인정의 범위와 형태 역시 모든 사람이 추구하는 보편적 인정으로 변모한다. 따라서 앞서 살펴본, 주인의 자족적인 인정은 주관적이며 가짜 인정에 불과하다. 따라서 주인과 노예의 예속적인 상태에서는 인정 자체가 불가능하므로, 이제 인정은 주인과 노예의 구조를 넘어선다.

7 상호 인정과 자유

진정한 인정은 각기 자유로운 존재가 되는 사회적 공동체가 규명되었을 때 참으로 실현된다. 이 점에서 헤겔은 노예와 대립하면서 존재하는 주인은 아직 참으로 자유롭지 않다고 본다. 왜냐하면 그는 타자인 노예 속에서 아직 철저히 자기 자신을 직면하지 않았기 때문이다. 따라서 노예의 해방을 거쳐야만 비로소, 주인도 완전히 자유롭게 자기의식으로 성립된다.

불평등한 인정이 아닌 타인과 나의 상호 인정 속에서만 자기의식은 진정한 의미의 자기의식으로서 의미를 지닌다. 그리고 상호 인정의 과정을 통해 자기의식은 개별적 자기의식이 아닌, 개별성과 보편성이 통일된 새로운 사태를 맞이한다. 이러한 자기의식들은 각기 자립 상태에 있음에도 불구하고, 자기의식의 공통적 특징을 인정하는 일반적 자기의식이기도 하다.

이러한 일반적 자기의식은 자기와 다른 사람 안에서 자기 자신을 발견하고 긍정하면서 아는 것이다. 일반적 자기의식에게 개별적 자기의식은 각각의 특별하고도 절대적인 개별성을 지닌 것이다. 그렇지만 이제 각각의 자기의식은 그저 단순히 타자를 매몰차게 무시하면서 나와 남을 구별하지 않는다. 오히려 남과 내가 맺는 관계와 공통성에 눈을 돌리면서 상호 인정을 추구하고 자유로운 타인이 인정하는 나를 자기의식의 중요한 진리로 확인한다.

정리하자면, 사회적 관계의 기반을 마련한 노동이 인간 간의 자유로운 관계, 즉 인간 간의 상호 인정의 기반을 만든다. 이 기반에서 상호 인정이 지향하는 바이자, 대등하게 자유로운 두 자기의식의 통일적 관계를 의미하는 자유가 성립된다. 여기서 헤겔은 참된 자유를 다음과 같이 설명한다. 참된 자유는 나와 타자의 동일성에 바탕을 두고 있다. 나는 타자에 의해 참으로 자유롭고, 또한 나에 의해서 타자 역시 자유로운 존재로 인정되니, 우리 모두 자유롭게 되는 것이다. 다시 말하면 각기 평등하기에 자유로우며, 이럴 때 자유와 평등은 통일을 이룬다. 그리하여 모든 인간이 자유로울 때 평등할 수 있고 모든 인간이 평등할 때 자유로울 수 있다.

5장 나에서 우리로 향하는 깨달음의 길

자기의식은 반성과 더불어 자기 내면에 자립적인 자유를 얻는다. 그러나 이 자유는 내적 사유의 상태에 머물러 있을 때 형식적이며, 현실에서 어떠한 실행력도 갖지 못한다. 자기의식은 자기 정신의 자유에만 몰입하는 금욕주의, 그리고 관념적 세계의 고상함과 현세적 세계의 역동성 사이에서 모든 것을 부정하는 회의주의를 거쳐 두 개의 세계 사이에서 괴로워하는 불행한 의식을 지난다. 그리고 마침내 학문적인 자세로 세계를 관찰하는 단계인 이성에 이른다.

　　이렇게 《정신현상학》은 세계와 세계를 경험하고 인식하는 인간, 이 둘을 정태적인 고정체로 이해하지 않고 역동적으로 운동하고 변모하는 것으로 이해한다. 이러한 이유로 세계를 참되게 이해하고 설명하려는 인간의 시도는 최종의 상태에 도달하지 않고, 앞선 지식을 부인하고 새로운 진리를 승인하는 운동의 형태로 나아가는 것이다.

　　이렇게 정신의 기나긴 여정에서 헤겔은 진리를 추구하는 이유가 내가 나를 확증하려는 것이며, 자기 확증은 결국 우리로의 확증으로 나아갔을 때 가능하다고 설명한다. 그러므로 우리(사회)와 나(개인)의 통일이 바로 정신인 것이다.

　　정신은 개별적이며 개체적인 나에서 보편적이며 일반적인 우리 공동체로의 확장과 일치를 뜻한다. 정신에 도달해서야 자기의식은 개별자인 동시에 우리 모두인 보편자가 된다. 이처럼 《정신현상학》은 우리에게 이론적 사변이 아니라 실천적 행위를 통해 세계와 관계하는 사유의 운동을 보여 주면서 의식의 변증법적 성장 과정을 다루고 있다.

1 금욕주의와 공허

자기의식은 분명 어떠한 확신에 차 있었다. 노예는 노동을 통해 자기 자신을 자립적인 존재이자 반성하는 자기의식을 지닌 자로 확신했기 때문이다. 그러나 헤겔에게 자기의식의 성장사는 쉬운 일이 아니다.

자기의식은 순수하게 추상적인 수준에서 자기에 관한 반성을 행했을 뿐이다. 다시 말해, 머릿속으로 자신을 확신한다고 해서 실제로 그 일이 발생한 것은 아니다. 내가 스스로 자유롭다고 외친다 한들, 내가 살고 있는 세계가 나를 자유롭지 못하게 한다면 내가 생각하는 자유는 공허할 뿐이다. 또한, 나를 확신하게 만든 노동으로 말미암아 자기의식이 자립적으로 존재할 수 있게 된 것은 분명하다. 그러나 여전히 인간은 유한한 존재이며, 자립성 역시 일종의 조건부에 불과하다.

보다 확장된 자기의식은 이런 한계와 유한성에서 벗어나야 한다. 따라서 헤겔은 자기의식이 무한성의 형식으로 자신을 다시 반성해야 할 필요성을 제기한다. 이러한 무한성은 개념을 통해 자기를 사유하는 운동에서만 가능한 것이다. 그 이유는 무엇인가? 노동은 큰 의미를 지닌다. 하지만 그것을 통해서만 자신의 생존을 유지할 수 있다는 것을 일깨운다는 점에서 노동은 인간의 유한성을 상기시킨다. 개념의 무한성을 통해서 자기의식의 자립성을 성취했을 때 자기의식은 자립적이며 자유롭게 된다.

여기서 우리는 새로운 형태의 자기의식의 출현을 목도한다. 즉, 그러한 자기의식은 무한성의 형식을 가지면서 동시에 의식의 순수한 운동을 본질로 삼는다. 이러한 자기의식은 스스로 사유하는 것, 즉 자유로운 자기의식이다.

나는 감각이나 외부의 도움 없이 나의 사유만으로 나 자신을 생각한다. 이것은 완전히 자유로운 상태를 말한다. 게다가 나는 개념적으로 나를 사유한다. 자기의식은 개념을 통해서 나 자신만을 사유하면서 자기의식의 자유를 성취하는 것이다.

이 상태에서의 자기의식은 오직 머릿속에서 펼쳐지는 자기 사고일 뿐이며, 그 안에서 그는 자유롭다고 생각한다. 이러한 자기의식은 다른 것에는 아무런 관심이 없다. 그리고 자기의식은 금욕주의의 단계로 들어선다. 금욕주의자는 다른 자기의식에게 침해되지 않는 자족적인 자유를 성취한 자를 말한다.

금욕주의자에게는 외부의 어떠한 욕망도 그리 중요하지 않으며,

설사 실생활에서 복속을 강요받는 노예의 신분에 처했을지라도 아무런 상관이 없다. 그의 사유 속에서 그는 항상 자유로우며, 그 누구도 그 사유의 자유를 침범할 수 없다. 내가 머릿속에서 떠올린 두 음절의 단어를 내가 발설하지 않는 한 그 누구도 그것을 알아낼 수 없는 일이다. 내 머릿속의 사유는 온전히 나의 자유를 보장한다.

그러하기에 자신의 실생활이 속박의 상태에 있어도 그는 스스로를 자유롭게 여기며, 물리적 예속에도 아랑곳하지 않는다.《이솝 우화》를 썼던 이솝이 노예 신분이었던 것은 잘 알려진 사실이다. 그러나 이솝은 스스로를 자유인이라 칭하며 글을 썼다. 여기서 그의 자유는 자기 자신만을 향해서 자신의 내면에 안주하기 때문에 가능했다.

금욕주의자가 내면의 자유를 성취할 수 있는 까닭은 그가 감정과 욕망으로부터 벗어난 존재이기 때문이다. 금욕주의자가 보기에 물리적인 강제에 반발하는 것도 어떠한 감각적 욕망, 가령 신체적 자유를 누리고 싶다는 욕망에서 비롯된 것이다. 그가 그러한 한갓 감각적 욕구에서 벗어나 자신의 내면에 몰입한다면, 외부의 강제는 그의 자유에 어떠한 구속도 주지 못할 것이다. 헤겔에 따르면, 이러한 금욕주의자의 의식이 적극적으로 주장된 것은 스토아주의 사상에서였다.

이러한 자기의식의 자유가 의식화한 현상은 '스토아주의'라고 불리는 사상이다. 스토아주의의 원리는 의식이란 사유 활동을 하는 것이며, 무엇인가가 의식에게 본질적인 의미에서 참답고 선할 수 있는 것은 오직 의식이 사유 활동을 하는 한에서 그렇다는 것이다.

이 의식은 지배와 예속의 관계에 구애받지도 않는다. 설사 노예의 입장에 처할지라도 주인의 의지에 복종하지 않는다. 자질구레한 일상적 조건에 구속되지 않고, 세상사에 휘말리지도 않으면서, 단순한 사상의 세계 속에서 칩거해 있는 것이 스토아주의 의식이다.

스토아주의는 사상의 세계에 몰입하여 이로부터 자유를 얻는다. 그러나 헤겔이 보기에 이 자유는 생동적이고 활동적인 자유가 아니다. 어떠한 외부와의 관련성도 끊어 버린 상태이기에 자기 안에 갇혀 버린 아집에 불과한 것이다. 그런 점에서 금욕주의의 자유는 실재적인 내용이 없는 공허한 사유이자 알맹이 없는 자유다.

예를 들어, 머릿속으로 날 수 있다고 생각한들 실제로 날 수는 없다. 그러므로 생각의 자유란 실제로는 무의미한 것이다. 생각으로 저 멀리 여행하며, 생각으로 모든 것을 지배한다 할지라도, 실상 자기가 사는 삶 속에서는 그러한 자유가 어떠한 효력도 발휘하지 못한다. 또한 의식의 자유는 일상적 존재에 무관심하고 전혀 개의치 않기 때문에, 생명을 누리는 삶과 서로 배치되며 삶에서도 유리된다. 그래서 생각의 자유만으로 사는 인간은 무기력하며, 곧 권태에 빠져든다.

헤겔에 따르면, 사유의 자유는 생활에 젖어들지 않은 순수한 사유만을 진리로 간주한다. 그러하기에 이러한 자유는 생각으로만 그치는 자유일 뿐 생동하는 자유라고 할 수는 없다. 이 자유는 그저 형식적 차원에 머무르는 것이다. 자유가 진정한 자유이기 위해서는 타인과 관련을 맺어야 하며, 자유의 힘이 실재적인 현실에서 발휘되어야 한다.

2 회의주의

    이렇듯이 금욕주의의 자유에는 내용이 없다. 금욕주의자는 사색할 뿐이다. 금욕주의자에게 무엇이 선이고 참인지에 대해 물으면, 그들은 그저 사유에 참과 선이 있다고 답하기만 한다. 이것은 '좋은 것은 좋은 것이다.'라는 동어 반복에 불과하다.

    실제로 벌어진 구체적인 사태에 어떠한 기준도 내려 주지 못하기 때문에 아무런 쓸모도, 힘도 없이 미약하며 공허하다. 따라서 금욕주의는 곧 그 공허로 인해 권태에 빠지고 만다. 금욕주의는 현실과 유리되어 있다. 하지만 자유는 원래 사상만이 아니라 현실에서 표현되었을 때 자유의 상태를 만끽할 수 있다. 현실과 무관한 사상의 자유는 결국은 관념적인 것에 불과하다. 이러한 이유로 금욕주의는 권태 끝에 모든 것이 무의미해지는 회의주의를 동반하게 된다. 회의주의는 그 이전에 의식이 확실한 것으로 받아들였던 모든 습관, 규칙, 법칙을 단번에 내버린다. 회의주의는 어떤 것도 확신하지 못한다.

    회의주의는 모든 것을 부정한다. 하지만 회의주의는 금욕주의보다 한 걸음 더 나아간 것이다. 어쨌든 회의주의는 자기의 관심을 외부로 돌렸고, 머리에 있던 모든 자유로운 개념과 생각이 장애물을 마주한다는 사실을 발견했기 때문이다. 회의주의자는 그의 무기력을 몸소 실감한다. 그는 어떤 것도 확신할 수 없다. 그럼에도 불구하고, 회의주의자는 금욕주의자가 사유에 빠져 개념으로만 다루던 것을 실행에 옮겼고, 자신의 내부에서 벗어났기에 진일보한 것이 된다. 헤겔은 아무리 자유가 형식상에 머물지라도 자유는 외부에서 자유로움을 만끽하려는 특성이 있다고 본다. 그러하기에 금욕주의는 스스로가 누리는 사유의 자유로 말미암아 자유를 현실에서 실험하게 되며, 회의주의로 이행한다. 금욕주의자는 자유를 만끽했기에 오히려 사상의 자유가 현실에서 공허한 것으로 밝혀지는 한계의 쓰라림을 절실하게 경험한다.

회의주의 의식은 보는 것과 듣는 것 등등이 허망하다고 언급한다. 그러나 이때에도 그 의식은 분명히 스스로 보거나 듣거나 하고 있다.
따라서 그의 행위와 그가 표현하는 말 사이에는 언제나 간격이 있다. 끝내 이러한 회의적 의식은 이중적인 모순의 의식이라고 할 수밖에 없다. 그가 끊임없이 내뱉는 말은 모두가 고집불통의 아이들이 벌이는 말싸움과 같다. 예컨대, 두 아이들 가운데 어느 한편이 A라고 말하면 다른 쪽에서는 B라고 한다거나 또는 반대로 전자가 B라고 말하면 후자가 이번에는 A라는 주장을 내세우며 끊임없는 말씨름을 벌이는 경우와도 같다고 하겠다. 그리하여 실제로는 이들 모두가 다름 아닌 자기 자신과의 갈등을 지니고 있음에도 불구하고 오히려 그들은 마치 자기들 양자 사이의 갈등이 끊이지 않는 것처럼 여기면서 터무니없는 희열을 맛보는 셈이다.

그 결과 회의주의에서 사유는 모든 것을 의심하고 부정하는 힘으로 나타난다. 자기의식은 예전에 성취한 확실성을 부인하며, 자기의식 이전의 상태로 전락한다. 회의주의는 오감으로 감지하는 것조차도 의심한다. '내가 보고, 듣고, 맛보는 것이 맞는가?'라고 매번 확인하지만 확신할 수 없다. 그는 회의주의에 빠지게 한 자기의식의 행위조차도 의심하고 부인한다.

그러나 이 사태는 자기의식과 모순되는 관계가 된다. 회의주의에 빠진 자기의식은 자신이 지닌 반성적 행위에 따른 힘을 부정하지만, 이를 부정하는 자기 자신을 다시 의식하고 지각한다. 그래서 회의하는 자기의식은 사유하는 자기 자신에게 문제를 제기하고 이를 의심하지만, 결국 반성하는 사유의 틀 자체를 결코 벗어나지 못한다. 이는 마치, '모든 크레타인은 거짓말쟁이다. 이 말을 하는 나도 크레타인이다.'라고 말하는 상황과도 유사하다. 역설의 상황은 크레타인이 거짓말쟁이인지 아닌지 확인할 수 없는 사태에서 발생하는 것이다.

회의는 판단의 중지를 일으키며, 진리를 확증할 수 없게 만든다. 어떤 것도 알 수 없다. 아니 알 수 없다는 것조차도 알 수 없다. 이런 무한한 의심의 궤도는 회의하는 자기의식의 고난에 다름 아니다. 그런데 어처구니없게도 회의주의자의 고난은 그의 희열의 원천이기도 하다. 왜냐하면 그는 이런 고난 자체를 즐기기 때문이다. 하지만 이에 머물 수만은 없다. 아직 회의주의자는 완전히 절망하지 않았다. 오히려 그의 절망은 확신과 의심 모두 자기에게 있다는 발견, 즉 자기가 반대하는 자의 의견이 실은 자기의 의견이기도 하다는 그 사실로 인해 모순에 빠진다.

3 불행한 의식

회의주의를 벗어나지 못한 자기의식은 서로 공존할 수 없는 두 생각을 간직하는 모순에 빠진다. 여기서 그의 내면은 이 상태에서 벗어나 변화하고자 하는 의식과 변치 않고 머무르려는 의식, 두 가지로 분열한다. 이것은 옴짝달싹 못 하고 스스로를 묶어 둔 불행한 의식이다.

분열되어 있으면서, 이 모순적 상황을 의식하는 것이 '불행한 의식'이다. 자체 내에 분열되어 있는 불행한 의식은 존재의 모순을 떠안은 채 하나의 의식으로서 존재한다.

불행한 의식은 자기 자신에 대해 온전하게 확신하지 못한다. 그가 이 상태에 빠진 이유는 자신이 발 딛은 현실과 자신이 영원하게 희구하는 사상 사이의 갈등에서 비롯된 것이다. 세상에 속해 있는 것들을 무시하고 불변하는 것에 가치를 두면서 세속을 무상하다 볼지라도 그 역시 세속에서 벗어나 살 수 없다.

불행한 의식은 그저 자신이 파악할 수 없는 이 세속 너머의 신적인 초월 세계에서 그 자신을 확신할 수 있을 것이라고 믿는다. 그래서 불행한 의식은 변화하지 않는 저 세계를 언제나 찾으려는 의식이며, 자신의 본질이 불변성에 있다고 여기는 의식이다.

헤겔은 이 의식이 모순에서 옴짝달싹 못 하기에 이른바 '기도하는 자세를 취하는 의식'이라고 설명한다. 모순에 빠진 불행한 의식은 너무 고통스러워 회의주의자가 흔히 보이는 냉소적 태도조차 취할 수 없다. 그는 다만 공존할 수 없는 생각을 머릿속에 붙잡고 있는 자신을 저주할 뿐이다. 그에게는 사는 것이 고역이므로 생각의 정지를 추구한다.

불행한 의식은 결국에 모순적 이중성으로 말미암아 스스로 갈등에 빠져 자기 자신과 투쟁하고 고행하면서 자기를 부인한다. 이 상태는 일종의 자기기만에 빠지는 것과 같다. 하지만 의식은 이러한 기만을 경험하면서 다시 이를 극복하고 자기를 되찾게 된다.

불행한 의식이 겪어 낸 기나긴 여정은 무익하지 않다. 자기를 부인하기에 이르렀던 불행한 의식은 공존할 수 없던 두 가지 생각이 자신이 가진 실존적 조건과 자신이 사유할 수 있는 사색과 개념의 불일치에서 비롯되었음을 발견한다. 그는 자기가 원하는 바와 실현할 수 있는 능력 사이에서 고통을 겪었던 것이다.

그는 하나의 개별적 존재에 불과하며 그의 힘은 한계를 갖는다. 그뿐 아니라 그는 유한하다. 그의 생명은 백 년을 채울 수 없다. 그렇지만 그가 실현하려는 이상은 드넓고 유한성을 뛰어넘는다. 불행한 의식은 무수한 고민의 과정을 거쳐 결국 원하는 바, 하고자 하는 바의 실현이 자기 자신의 개별적 차원에서는 불가능하고 개별을 포괄하는 일반에서야 가능함을 깨닫는다. 이렇게 해서 모순은 해소된다.

　일반은 개별의 단수성이 아니라 집합적 복수성인 우리를 뜻하며, 한 세대가 아니라 세대를 이어 명명백백하게 흐르는 인간이라는 종을 의미한다. 이제 불행한 의식은 일반의 발견을 통해 다음 단계로 이행한다.

4 인륜성으로 향하는 이성의 여정

불행한 의식의 상태는 그가 외면했던 세계를 받아들이면서 변화한다. 이제 불행한 의식은 그가 등 돌린 세계를 향해 돌아서서 그 자신의 내면으로 수용한다. 그는 세계에 무작정 뛰어들기보다 세계를 관찰하면서 갈등을 일으키던 모순에서 서서히 벗어난다. 헤겔에 따르면 이 활동은 지식을 알려는 학적인 행보를 뜻한다.

의식이 처음 출현했을 때에도 세계를 감각하는 관찰의 과정을 거쳤다. 그러나 이 관찰은 세계를 수동적으로 그저 받아들이기만 하는 습득이었다. 반면 학적 활동으로서의 관찰은 이와 달리 세계를 찬찬히 관찰하고 인식하면서 관찰된 사실을 개념으로 바꾸고, 논리적으로 정비한다. 그는 이제 생각의 도구인 개념을 갖추고 개념의 잣대로 세계를 분류하고 정리한다.

관찰은 의식이 행하는 능동적인 학적 활동이다. 이제 의식은 세계를 논리적 체계를 통해 정비할 수 있는 이성으로 변모한 것이다. 관찰하는 이성은 처음에는 인간의 심리를 이해하려는 심리적 관찰을 거치면서 차례차례 다음 단계의 이행 과정을 밟아 나간다. 이성은 자기가 이해한 것과 세상이 일치한다고 보는 방식으로 세상을 이해한다. 그러나 이성은 점차 관습과 같이 세상에서 통용되는 덕을 탐구하면서 공동체의 규범을 논의하며 그것을 실천하려고 한다. 그리고 최종적으로 사회적·윤리적 삶을 이루고 있는 토대를 탐구하는 실천 이성에 도달한다. 헤겔은 학문을 통해서 이성이 실천적 형태로 변모하며, 비로소 인륜의 영역에 다다를 수 있음을 천명하는 것이다.

실천 이성은 불행한 의식에서 마주쳤던 자기의식의 실현 불가능성의 한계를 뛰어넘는다. 그것을 가능하게 하는 것은 바로 공동체의 일원이라는 자각과 함께하는 실천 행위다. 자기 자신은 개인으로서의 개별자가 아닌 대중이라는 집합으로서의 보편자로 등장하고 있음을 발견한다. 헤겔은 각각 개체의 행위를 이루는 내용이 결국 보편적 실체인 집단을 통해서 규정된다고 설명한다. 개인과 집합의 관계는 그저 단순한 당위로 연결된 것이 아니라 존재에 필수 불가결한 전제가 된다.

결국 실천적 이성은 보편적, 사회적 이성으로의 확신이며, 인륜성에 도달하려는 목적을 실현하는 여정을 시작한다. 헤겔의 철학에서 인륜성은 인간의 모든 개별적 삶과 사회적 삶의 지평이자 공동체의 정신적이고 문화적인 토대이며, 개인이 주체로 실재적으로 존재할 수 있게 하는 근거이다.

인륜성 역시 운동의 과정을 겪으며 인간의 역사와 조응한다. 인륜성을 마련하는 초기 단계는 재생산의 공동체인 가족이다. 인간은 혈족 집단에서 자기를 발견한다. 개인은 가족을 통해 형성된다. 하지만 가족이라는 공동체는 한계를 지닌다. 그래서 이행된 다음의 공동체는 시민 권력으로, 인간적인 법칙을 통해 통치 권력으로서 정부를 세운다. 인간은 시민이 되면서 시민 사회 전체를 위한 싸움에 자기를 희생하기까지 한다.

헤겔에 따르면, 이러한 시민의 도시 공동체이자 인륜성의 초기 형태는 그리스 도시 국가로 등장한다. 이 최초의 인륜성은 그리스의 도시 국가에서 법을 통한 공공적 통치의 흥망성쇠로 나타난다. 도시 국가의 법은 공공성을 띤 인간의 법이며, 시민의 공통 의지의 표현으로 외부에 표출한 것이다. 헤겔은 여기서 그리스인들에게 공공성은 있었지만, 개별적인 양심이 출현한 단계가 아니라고 설명한다.

그리스인들은 정의를 관습이나 습관의 형식에서 의욕하고 실행했다. 그래서 그 형식은 단단하고 확고한 반성이나 의지의 주관성을 포함하지 않는다. 실제로 이 점이야말로 그리스가 정체된 이유이기도 하다.

그리스인들은 우리가 생각하기에는 본질적인 것이라고 할 국가라는 추상태에 대해 무지했다. 그들의 목적은 생동하는 조국, 이 아테네, 이 스파르타, 이 사원들, 이 제단들, 이 공존방식, 이 시민들의 환경, 이 습속들, 이 습관들이었다. 그리스인들에게 그의 조국이란 그것을 벗어나서는 살 수가 없는 하나의 필연적인 습관에 불과하다.

이러한 시민 공동체는 개별자의 정신을 억압하면서 유지가 되기도 하는데, 이것이 시민 공동체가 지닌 모순이다. 그 모순을 설명하면 다음과 같다. 시민 공동체 안에서 개인은 현존하는 공동체의 질서를 그저 승인하거나, 아니면 마지못해 복종하면서 현존하는 질서를 파괴하고 싶은 감정의 모순에 시달린다. 특히 이는 권력과 부의 문제에서 가장 크게 나타나는데, 사욕을 채울 것인가 공적인 영역에 복무할 것인가의 문제로 나타난다.

따라서, 처음에 출현한 인륜성은 분열하게 된다. 그 이유는 자기 자신의 의미를 가족 안에서 찾는 인간과 공공적 법의 통치에 들어선 도시 국가 사이에서 찾는 두 가지 방식이 동시에 존재하기 때문이다. 헤겔에 따르면, 도시 국가 형태의 인륜성에서 한 개인이 가족이라는 혈족 집단에서 개별적 자기를 발견하는 것은 당연하다. 이 단계에서 가족은 자기의식을 형성하는 힘인 것이다. 헤겔은 최초의 인륜성의 단계에서 가족과 시민 공동체 사이의 대립과 분열을 그리스 비극인 소포클레스의 《안티고네》를 통해서 설명한다.

안티고네는 오이디푸스와 그의 어머니 사이에서 태어난 딸이다. 안티고네는, 공공의 적으로 간주되어 죽고서도 그 시신이 저잣거리에 방치된 친오빠 폴리네이케스의 주검을 보고 국법을 어기고 묻어

주려 한다. 당시 폴리네이케스는 조국을 침략한 자로서, 시신을 묻지 않고 그대로 방치하게끔 왕이 명령한 상태였다. 안티고네가 그 명령을 어긴 것이다. 그 사실을 안 왕은 분개하며 안티고네의 사형을 명한다. 왕의 논리의 근거는 공동체의 법이고, 그에 대항하는 안티고네의 주장의 근거는 신의 법률이다.

안티고네의 투쟁은 시민으로서 인간의 법과 인간 생명의 시초가 된 가족 구성원의 존엄성을 지키는 신의 법 사이의 분열 과정을 보여준다. 결국 안티고네는 시민의 법과 대립하면서 최초로 개별적인 자기의 의지와 양심을 내세우는 존재가 된다. 그뿐 아니라 그녀는 친오빠의 매장을 실행해서 사유를 넘어 행위하는 자로서 자기를 일깨운다. 물론 그 결말은 비극적이다. 안티고네가 비록 도시의 법, 공동체의 법을 어겼을지라도 개인의 양심과 행위를 추동하여 인륜성의 새로운 단계를 이끈다.

이제 다음 단계의 인륜성은 그리스적 시민에서 벗어나 자기를 나로 인정하는 사적인 인격체로 변모한다. 두 번째 인륜성의 단계 인간은 자립적인 인격체가 된다. 이 새로운 인격체는 자연적 존재에서 벗어나 스스로를 계발하고 도야한다. 인간은 자기를 형성한다. 이제 인간은 그 자체로 독특한 자기 자신이며, 자기를 하나의 작품으로 만들고자 하고 자기에게 모든 관심을 둔다. 그는 자기를 밖으로 표현한다. 인격체는 교양과 문화를 창출하며 자신을 전개하고 이를 실재로 여기는 것이다. 이러한 자기 자신의 인륜성은 정신적 세계를 창출하고 문화의 세계를 일구는 공동체로 등장한다. 문화는 자연적 존재인 인간으로부터 나왔지만, 자연적 존재로 인간을 규정하는 방식에서 벗어난다. 인간은 자연과 문화라는 분리된 두 가지 영역에서 거주한다.

각 개인들은 누구나 이기적으로 행동한다고 믿고 있다. 하지만 실상 외적으로만 보아도 각 개인의 향유는 곧 만인의 향유로 이어지고, 각자는 그 자신을 위해서 노동하는 것 못지않게 만인을 위해서도 노동한다. 또한 만인은 각 개인을 위해서 노동한다.

따라서 개인은 실상 보편적이다. 말하자면 개인의 이익이라는 것은 결코 실현될 수 없다. 만인의 이익에 도움이 되지 않는 것은 어떤 것도 행해질 수가 없다.

의식은 처음에 개인의 이익을 추구했지만, 자기를 형성하는 데 만인이 필요함을 깨닫는다. 여기서 만인은 국가의 형태로 나타난다. 이러한 깨달음을 통해 의식을 형성하는 것이 바로 교양이다. 두 번째 인륜성에서 인간은 자연적 영역에 묶인 한계에서 해방되며, 국가와 개인으로서 자기 자신의 연결을 깨닫고 이를 수용하는 계몽을 꾀한다.

계몽주의는 기존의 봉건적 구체제에 대항한다. 계몽주의가 기존의 권력에 반대하고 새로운 국가 주권을 선포하는 장점을 가지고 있지만, 위험성 역시 지닌다. 계몽주의는 다른 가능성에 대해서 생각하지 않고, 자신만이 옳다고 여긴다. 계몽주의는 자신만이 절대적 진리로 여기면서 자신이 반대하는 상대를 오류나 거짓이라고 규정한다. 헤겔은 계몽주의가 자신의 한계를 깨닫고 신앙을 수용하면서 역사적 연결을 회복한다고 설명한다.

계몽주의의 한계를 넘어서는 인륜의 단계에서, 개인은 만인으로서 국가라는 추상체와 연결성을 깨닫는다. 이 통찰은 실천적 행위로 이어지면서, 실재적 인륜성을 실행한다. 이는 국가의 법 체계와 자기의식의 자율적 도덕 추구의 일치가 국가의 형태로 등장하는 것이다. 헤겔에 따르면, 이로써 이제 한 개인으로서 인간이자 자기의식은 타자를 위한 존재인 대타적 존재와 자기를 위한 존재인 대자적 존재 간의 통일을 이룬다. 통일을 통해서 바로 정신이 출현한다.

이렇게 볼 때 자기의식의 구체성이 자기를 표상하는 동시에 보편성을 지닐 때 비로소 정신이 된다. 이러한 상태일 때 정신이 되면서, 전체를 포괄하는 실재를 이해한다.

이제 마지막 인륜적 단계에서, 자기의식은 국가라는 보편성을 넘어 도덕성, 자연 종교, 예술적 종교, 계시 종교의 단계를 거치면서 직관적 정신에 도달한다. 그렇지만 헤겔은 여기서 다시 한 번 힘주어 강조한다. 그것은 정신에의 도달이 종교를 통한 직관을 거쳐야 한다는 것이다.

신비롭다는 것은 결코 어떤 비밀스러움, 혹은 알 수 없는 것으로 은폐되어 있음을 뜻하지 않는다. 오히려 신비는 자기 자신이 바로 절대적 존재와 일체가 되어 있음을 깨우치면서, 그러한 실재로 현시된다는 바에 근거를 둔다. 자신은 오직 순수한 사변적 지식을 통해서만 도달될 수 있다. 신은 여러 지식 속에서만 존재하는가 하면 더 나아가서는 이러한 지식 이외의 그 어떤 것일 수도 없다. 왜냐하면 신은 곧 정신이기 때문이다. 그리고 이 사변적 정신이야말로 다름 아닌 계시 종교가 지향하는 지식에 해당한다.

그런데 신의 은총에 기반을 둔 계시 종교를 통해서 철학적 관찰자는 전체로서 우리라는 측면을 이해하지만, 이를 되짚어 보는 사유 행위를 하지는 못한다. 종교는 직관이지 결코 개념의 형식을 취하고 있지 않다. 종교가 철학적 관찰자에게는 어떠한 영감의 빛을 내려 주었지만, 정신이 운동하는 활동의 본질을 제시하지는 못한다.

이제 그 활동의 본질에 대해 우리는 반성적으로 고찰해야 한다. 우리는 정신을 논리적으로, 개념적으로 이해하지 못한 것이다. 개념에 도달하기 위해서는 다시 자체 내로 반성과 복귀를 거쳐야 한다.

이러한 반성이 바로 헤겔이 말하는 '학문'이다. 학문은 바로 자기 자신이 스스로 자기 자신임을 깨닫는 것이다. 학문을 통해서 이성은 어떤 것과도 견줄 수 없는 절대자로 등장한다. 절대자로서의 이성은 시간에서 사멸되지 않고, 시간 안에 계속 머문다.

헤겔에 따르면 이러한 학문이 곧 철학이다. 철학은 정신의 기초를 마련하는 토대며, 이성이라는 절대자에 관한 학문이다. 이 학문은 절대 정신의 변치 않는 토대이자 논리학이다. 최종적으로 헤겔은 학문의 발생과 시원을 확고히 제시하면서 의식의 성장사인 현상학에서 벗어날 필요성을 역설한다. 이제 변치 않는 본질을 논의하는 다음 작업인 논리학으로 나아가는 기초로서의 《정신현상학》의 임무는 다한 것이다.

《정신현상학》, 정신의 발전에 관한 성장 소설

1. 헤겔의 생애

게오르크 빌헬름 프리드리히 헤겔(Georg Wilhelm Friedrich Hegel, 1770~1831)을 말할 때 우리는 '독일 관념론의 완성자'라는 찬사를 덧붙인다. 이 말은 대륙의 관념론과 영국의 경험론을 종합한 칸트의 업적을 이어받아 독일 관념론을 근대 철학의 본류로 만들었다는 말이기도 하다.

사실 헤겔의 사상은 헤라클레이토스나 아리스토텔레스와 같은 고대 철학자의 사상과 스피노자, 요한 볼프강 폰 괴테의 사상에 영향을 받았다고도 말한다. 하지만 그 누구보다도 헤겔의 바로 앞선 세대였던 칸트야말로 헤겔 철학의 출발점임이 틀림없다. 임마누엘 칸트(Immanuel Kant, 1724~1804)는 18세기 계몽주의 철학의 대표자로 계몽의 핵심인 인간 이성에 대한 무한한 신뢰를 강력하게 주장했다. 그는 이념(이성)과 현실(대상, 물 자체)이 별개로 존재한다는 관념적 이원론을 펼쳤는데, 그를 이어받아서 칸트의 이원론을 극복하고자 했던 관념론의 후계자들이 바로 피히테(Fichte, 1762~1814)와 셸링(Schelling, 1775~1854) 등이었다. 이들은 관념과 물(物) 자체가 분리되어 있으며 인간의 사물에 대한 인식은 불가능하다는 칸트의 입장을 비판하고, 인식하는 주체인 자아와 대상인 물 자체의 동일성을 주장하는 관념적 일원론을 내세웠다. 헤겔은 피히테, 셸링과 동시대에 살면서 이들의 이론적 문제까지 극복해서 관념론을 완성하려고 했다. 그는 이성의 능력을 절대적인 것으로 보았기 때문에 흔히 헤겔의 사상을 절대적 관념론이라 부른다.

어쨌든 헤겔이 이룬 성취는 '정신'이라는 개념을 제기한 것에 있다. 그에게서 정신은 단지 관념적인 것이 아니다. 정신은 살아 있는 생명과 같다. 정신은 그대로 머물러 있지 않다. 정신은 운동한다. 헤겔은 정신의 운동을 변증법적 과정으로 설명한다. 정신은 자신을 긍정하고, 다시 부정하고 이를 또다시 부정하면서 그다음 상태로 지양하는 변증법적 과정을 경유하는 운동 그 자체다. 헤겔에 따르면, 정신은 추상적 사유에 머무는 것이 아니라 실재적으로 존재하며, 세계의 변화를 이끄는 중심이다. 정신의 운동은 자연, 역사, 사회, 국가 등의 현실로 나타난다. 헤겔은 정신 스스로가 자신을 발전시켜 나가 지식의 체계를 종합하고 절대성에 이르러 사유와 현실을 종합한다고 보았다. 그래서 그는 "세계 역사는 정신의 자기 전개 과정이다."라고 말한다.

이처럼 독일 관념론 철학을 완성한 헤겔의 영향은 포이어바흐, 엥겔스, 마르크스로 대표되는 유물론 철학과 혁명가 바쿠닌과 레닌, 그리고 현대에 와서는 후기 비판 철학자인 아도르노, 마르쿠제, 하버마스 등의 철학에도 지대한 영향을 미친다. 그뿐만이 아니라 헤겔의 사유에 비판적 입장을 취하는 포스트모던 철학자 바르트, 바타유, 그리고 들뢰즈, 데리다는 물론이고 실용주의 철학자 듀이, 에머슨, 우파 철학자라고 불리는 후쿠야마 역시 헤겔이 제기한 논의로부터 자유로울 수 없을 정도다. 특히 현대 철학자 라캉, 지젝 등은 헤겔이 제기한 욕망이라는 개념을 정신 분석학적인 개념으로 재해석하면서 사회 전반에 적용하기도 한다. 이 점에서 헤겔의 사상은 현대의 철학에도 직접적으로 영향을 미치고 있다.

그렇다면 헤겔의 생애는 어떠했는가? 다음은 1804년에 정교수가 되길 희망하며, 헤겔이 직접 자신의 약력을 서술한 글이다.

나 게오르크 빌헬름 프리드리히 헤겔은 1770년 8월 27일 슈투트가르트에서 출생.

나의 아버지 게오르크 루트비히 헤겔(운송 회계사 고문), 어머니 크리스티네 루이제 프롬 두 분은 나를 개인 교수했을 뿐만 아니라 고대어 및 현대어 그리고 학문의 기초를 가르치는 슈투트가르트의 공립 김나지움에서 수업을 받게 함으로써 나를 학문적으로 교육시키는 데 정성을 기울였다.

나는 18세에 튀빙겐의 신학교에 입학했다. 2년 동안 고전 문헌학을 전공하는 슈뉘러, 철학과 수학을 전공하는 플라트, 벡 밑에서 공부를 한 뒤, 철학 석사학위를 받았다. 잇달아서 3년간 르 브레, 울란트, 스토르 그리고 플라트의 지도하에 신학과 관련된 학문을 공부한 끝에 슈투트가르트의 신교 총무원에서 실시한 신학과 입학시험에 합격하여 신학과 지원생으로 등록되었다.

나는 부모님의 희망에 따라 설교사직을 선택했으며, 신학이 가진 고전 문학 그리고 철학과의 연계성을 고려하여 신학 공부에 충실했다. 신학과 졸업 후, 나는 신학을 바탕으로 하는 직업들 가운데 실제 설교사직에 별로 구속되지 않는 직업, 이를테면 고전 문학과 철학 연구에 필요한 여유를 얻을 수 있으며 또한 외국에서 상이한 조건 밑에서 생활하면서도 시간을 낼 수 있는 직업을 선택했다. 이러한 직업으로서 가정 교사직을 베른과 프랑크푸르트에서 찾았으며, 여기에서 내가 결정한 삶의 과제인 학문 연구에 몰두할 수 있는 충분한 시간을 얻었다.

6년간 이 두 도시에서 시간을 보낸 후, 아버지가 돌아가시자 나는 철학에 마음과 몸을 바치기로 결심했다. 예나 대학의 명성은 내 장래를 위해 보다 훌륭히 공부할 수 있고, 교수직을 얻을 수 있는 기회를 엿보는 데 선택의 여지가 없는 곳이었다.

나는 피히테와 셸링 철학 체계의 차이점, 전자의 불충분한 점에 관한 논문을 써 그곳에 지원했으며, 얼마 후 나의 박사학위 논문 〈행성들의 궤도에 관하여〉의 공개 변론을 통한 심사에서 그곳 심사위원회로부터 교수 허가를 받았다.

나는 셸링 교수와 함께 철학 비판 잡지 두 권을 간행했고, 3년 전부터 철학과 강사로 있으면서 여러 강의를 했으며, 작년 겨울에는 수많은 학생이 강의를 들은 것으로 기억한다. 나는 지난해 공작 관할의 광물학협회의 제2부의장으로 선출되었으며, 최근에는 자연연구협회에 정회원으로 가입되었다. 수많은 연구 가운데 철학이 나의 천직으로 굳어졌기에 나는 친애하는 관계 당국으로부터 정교수로 채용되기를 갈망할 따름이다.

위의 약력을 통해서도 알 수 있듯이, 헤겔은 1770년 8월 27일 슈투트가르트에서 태어났다. 헤겔의 아버지는 뷔르템베르크 공국의 관리였다. 그의 집안은 16세기경 신앙 문제로 케르텐주로 이주한 프로테스탄트였다. 어머니 막달라는 헤겔이 열네 살 때 세상을 떠난다. 일

찍 어머니를 여읜 까닭에 헤겔은 어머니의 애정을 잊지 못하고 어머니의 존재를 일생 동안 소중하게 간직한다.

1788년에서 1793년 헤겔은 시인으로 유명한 휠더린, 철학자인 셸링과 함께 튀빙겐 신학교에 다닌다. 이때 신학교에서 헤겔이 배운 정신적 자산은 그의 전 생애에 큰 영향을 미친다. 헤겔은 고대 문헌과 기독교 사상 원전을 중심으로 연구했는데, 특히 신약 성서에 관심을 가지고 육신을 지닌 인간이자 신의 아들 예수의 삶에 대한 연구에 몰두한다.

또한 이 시절 칸트 철학은 헤겔의 사상적 탐구 과정에 결정적인 영향을 준다. 물(物) 자체를 제기한 칸트 철학의 이원론을 어떻게 이해할 것인가, 우리는 참된 인식에 도달할 수 없는가, 이런 질문들은 그의 주저인 《정신현상학》의 밑그림을 그리는 양분이 되었다.

젊은 시절부터 헤겔은 정치적 변동과 역사적 변화에 민감했다. 무엇보다도 당시의 획기적인 대사건인 프랑스혁명은 헤겔의 사상에 중요한 영향을 미쳤다. 신학교 시절 그는 휠더린, 셸링 등과 함께 프랑스혁명의 소식을 듣고 축배를 들었다고 한다. 이후 헤겔은 프랑스혁명을 보면서 인간의 자유와 평등에 관한 법률적 문제, 국가 및 역사 문제에 대해 보다 구체적으로 연구를 시작한다. 이렇게 열정적인 탐구 정신으로 공부했지만 사실 그는 5년 연하이자 천재였던 셸링과 비교해 그다지 두각을 보이지는 못했다.

어쨌든 튀빙겐 대학에서 학업을 마친 헤겔은 1793년 가을부터 1796년 말까지 베른과 프랑크푸르트에서 경제적 어려움을 타개하고 본격적인 철학 공부를 하기 위해 가정교사 생활을 시작한다. 가정교사 기간은 헤겔의 철학이 성립되는 일종의 준비기로 이해할 수 있다. 이 기간 동안 헤겔은 그의 청년기 사상에서 주요하게 다루어지는 종교와 정치에 관해 출간되지 않은 짧은 논문들을 저술한다.

가정교사 생활을 마친 후 헤겔은 셸링의 도움으로 예나 대학에서 강사 생활을 시작한다. 처음으로 대학 강단에 서면서 헤겔은 첫 저술 《피히테와 셸링의 철학 체계의 차이》를 1801년에 발표하고, 주저 《정신현상학》을 1807년에 완성한다. 예나 시절이라 불리는 이 시기에도 역시 경제적으로 헤겔의 생활 형편은 어려웠다. 부친의 유산은 너무 적었고 교수 봉급도 낮았다. 더욱이 나폴레옹 전쟁 때문에 강의를 듣는 학생의 수가 줄어들어 헤겔은 예나에 머물러 있을 수도 없었다. 강단에 머물러 있을 수 없게 되자 헤겔은 밤베르크에 있는 작은 신문사의 편집 책임을 맡게 된다. 신문사에서 일한 시간은 힘들었지만, 그 경험은 이후 그의 연구에 보탬이 된 것으로 평가된다.

그러나 그리 오래가지 못하고 신문사를 그만둔 헤겔은 뉘른베르크에 있는 김나지움에서 교장 생활을 하면서 이후 가장 중요한 주저가 될 《대논리학》에 대한 연구를 시작한다. 이 연구를 거치면서 헤겔은 학자로서의 길을 차분히 걷는다. 그의 학자로서의 안정기는 1816년

하이델베르크 대학에서 교수 생활과 1818년 베를린 대학에 정교수로 취임하면서 본격화된다. 그는 이 시절 경제적 어려움을 겨우 극복하고 안정적으로 대학에서 학생들을 교육하고 철학 연구를 계속한다. 말년에는 개혁 군주 빌헬름 3세의 배려 속에서 프로이센의 국가 철학자가 된 헤겔은 학자로서도 명성을 날린다. 그러다가 1831년 지병인 위장병과 아시아 콜레라가 겹치면서 악화된 병환 때문에 생애를 마친다.

사후에 헤겔은 자신의 희망대로 피히테 옆에 잠든다. 헤겔이 남긴 주요한 저서로는 《정신현상학》, 《논리학》, 《엔치클로페디(백과전서)》, 《법철학》, 《미학 강의》, 《역사 철학 강의》 등이 있다.

2. 《정신현상학》은 어떤 책인가?

치열한 전쟁의 와중에 태어난 《정신현상학》

절대적 관념론이라고 불리는 헤겔 철학의 가장 중요한 논의는 거의 《정신현상학》에서 제기된다. 그런데 아이러니하게도 《정신현상학》은 나폴레옹의 침략으로 프로이센군과 프랑스군 사이에 치열한 전투가 막바지에 이르던 1807년에 완성되었다. 이 당시 전투의 중심지는 예나 인근이었는데, 이곳은 바로 헤겔이 대학 강사로 근무하던 곳이었다. 재미있는 사실은 당시 헤겔은 빚에 쪼들려 급박하게 원고를 마감했다고 한다. 어쨌든 이와 더불어 전해지는 또 하나의 이야기가 있다. 전투에서 승리한 프랑스군이 예나 시내로 들어오자 나폴레옹을 본 헤겔은 "나는 정찰을 하기 위해 말을 타고 시내를 가로지르고 있는 세계정신(나폴레옹)을 보았네."라고 친구에게 편지를 썼다고 한다.

그런 탄생의 배경은 차치하고 《정신현상학》은 헤겔의 초기 저작임에도 그의 철학에서 가장 중요한 중심축을 차지한다. 깊이와 방대함, 그리고 체계성에서 실로 어마어마한 이 책은 서양 근세 합리론과 영국 경험론의 종합인 칸트의 초월 철학에서 한 걸음 더 나아간 것으로 평가받고 있다.

《정신현상학》은 500쪽이 넘는 방대한 분량과 내용의 어려움으로 인해 철학사에서도 난해한 작품으로 손꼽힌다. 하지만 이 저작은 헤겔 직후 쇼펜하우어나 키르케고르의 실존 철학, 그리고 포이어바흐나 마르크스의 유물론에 직접적으로 영향을 미쳤다.

흔히 《정신현상학》은 크게 세 가지 방식으로 이해된다.

1. 《정신현상학》은 사람이 자기를 갈고닦아 교육받으며 성장하는 인간 성장의 과정으로 대체해서 이해될 수 있다. 이 과정은 맨 처음 자연 자체의 상태이자 규정되지 않은 현상적인 것으로 불리는 지식에

서 출발하여 점차 그 궁극에 다다르는 지점인 절대적인 앎으로 나아
가는 길을 밟아 가고 있다.

2. 이런 《정신현상학》의 구조는 젊은 영혼의 성장 과정을 그려서 당시
독일에서 인기를 끌었던 괴테의 교양 소설 《빌헬름 마이스터의 수업
시대》의 영향을 받은 것으로 보인다. 《정신현상학》은 의식에서 자기
의식을 거쳐 이성과 정신으로 나아가는 영혼의 자기 형성과 자기 도
야의 길을 보여 주는 성장 소설과 그 틀이 유사하기 때문이다.

3. 《정신현상학》이 간행된 1807년이라는 해에서 알 수 있듯이, 《정신
현상학》은 자유·평등·박애의 기치를 건 1799년 프랑스대혁명의 정
신을 사유의 핵심으로 포착하여 철학적으로 체계화하고, 인간 정신
의 역사적 운동 과정을 밝힌 것으로 이해될 수도 있다.

《정신현상학》의 주요한 목적은 다음과 같다. 이 책은 실재적으로
존재하는 사물, 그리고 현실에서 유리된 사변적인 정신이라는 두 축
을 중심으로 그 관계를 밝히려는 것이다. 이를 위해 헤겔은 오래전
부터 그리스 사상과 기독교 사상의 내적 관계를 추적해 온 바가 있
었다. 그래서 이 책은 현실로 존재하는 실재성과 사유의 본질을 제시
하는 사변(思辨)성을, 역사라는 실천의 장에서 검토하고 그 관계를 해
명한다. 헤겔은 정신이 현실에서 어떻게 나타나는가를 구체적으로
밝히면서 이 둘의 관계를 규명한다.

헤겔에게 정신은 비교할 수 없는 절대자이며, 모든 것을 통합하는 동시에 다양성을 통일하고, 무엇보다도 스스로를 이해하고 파악하는 생동하는 존재다. 이러한 정신이 어떻게 세계에 나타나며, 실재와 사변을 통일한 형태로 어떻게 발전하는지를 밝히려고 했는데, 이것이 그가 제시한 의식의 자기 발전 과정이다. 의식은 감각에서 출발해 지각과 오성, 자기의식의 단계를 거쳐서 마침내 이성과 정신의 단계에 이른다. 그런 까닭에 헤겔은 인류 역사를 스스로 자신을 파악하려는 이성의 운동 과정으로 설명한다.

알려는 의식의 운동 과정인 《정신현상학》

이성은 비교 불가능한 완전함을 뜻하는 절대적인 앎(절대지)과 관련된다. 그러나 인간은 완전한 이성을 지닌 존재가 아니다. 오히려 인간은 인식의 발전 과정에서 불완전하며 한계를 보이는 각각의 단계를 통과해, 고난과 절망의 과정을 거쳐 다음 단계의 앎을 획득하는 의식의 성장을 경험한다.

헤겔은 칸트와 달리 인간의 인식 능력으로 인정되는 오성과 이성을 구별한다. 헤겔은 오성을 감각적 인식을 개념적으로 인식하는 능력이라고 보았으나, 이성은 오성과 달리 인식 주체와 객체의 통일과 일치를 이룬 상태의 인식 능력이라고 보았다. 그래서 이성에 도달하기 위해서 먼저 오성을 사용해야 한다는 사실로부터 논의를 시작한다.

오성이 이성을 파악하는 방법은 헤겔의 용어로 '반성'이라 칭해진다. 여기서 말하는 반성이란 이해하고자 하는 것을 앎의 대상으로 삼고 나서, 이를 반추해서 파악하는 오성의 활동이다. 여기서 앎의 대상을 먼저 세우는 것을 '정립'이라고 한다. 정립은 알고자 하는 의식이자 자기의식인 주관이 자기 밖에 있는 대상을 파악하기 위해서 실행하는 활동이며, 앎의 대상을 알고자 하는 주관과 대면하도록 세우는 것이다. 반성은 정신 앞에 앎의 대상을 세워 놓고 정립하는 작용이다.

하지만 실질적인 앎은 알고자 하는 대상을 정립하는 행위만으로 파악될 수 없다. 실상 정립은 앞에 세운 대상을 부정하는 다음 단계로 나아가야 한다. 그래서 정립은 결국 자기 스스로를 부정한다. 이것이 의미하는 바는 다음과 같다. 알고자 했던 대상을 앎의 대상으로 세우는 정립은 이제 앎의 대상을 부인한다. 말하자면 정립을 통해 지식의 대상을 세우고 나서 이번에는 그 대상에서 벗어나려고 한다. 대상에서 벗어나지 않고 머문다면 대상에 매몰되어 지식은 더 이상 발전하지 않는다. 대상을 정밀하게 탐구하기 위해서는 대상에서 벗어나야 한다. 그리고 알려고 하는 자기 자신에게로 되돌아가서 그 대상과 거리를 두어야 한다.

이렇게 해서 반성은 정립과 정립을 부정하는 두 가지 성질을 통해서 제 기능을 수행한다. 헤겔은 정립과 정립을 부정하는 반정립을 통해서 반성이 운동적 활력을 갖는다고 설명한다. 반성을 가능하게 만드는 동력은 무엇보다 부정성(否定性)에 있다. 부정성을 원동력 삼아 정립과 이에 반하는 반정립으로 나타나는 반성은 대상을 파악하고 대상을 이해하는 자기의식을 성장시킨다.

헤겔의 《정신현상학》은 바로 정신의 현실화를 말하는 절대적 이성을 파악하고 이해하고자 하는 오성의 반성 운동을 밝히려는 것이다. 이렇게 《정신현상학》은 인간이 의식의 최고 단계에 어떻게 이르는가를 보여 주며, 의식이 정신으로 변화해 가는 과정을 추적하려는 시도인 것이다.

여기서 정신의 현상학인 까닭은 모든 앎이 우리가 관찰할 수 있는 감각적 사실인 현상에서 시작되기 때문이다. 하지만 우리의 감각에 의해 인지된 현상은 불확실하고 불투명하기 때문에 우리는 현상을 마주하며 사물을 올바로 알 수 없다는 무지와 마주친다. 우리는 무엇인가 알고 싶어 하지만 실은 알지 못한다는 사실을 깨우칠 때, 더욱 알고 싶어 한다. 우리의 의식은 바로 우리가 무엇보다도 앎을 갈망한다는 상태에서 출발한다. 의식은 무언가를 알고 싶어 하나, 아직 알지는 못하는 그러한 상태에 있다는 것을 발견하면서 앎의 운동을 시작하는 것이다. 예를 들어, 아직은 앎이 부족해 미숙하지만 순진한 사람이 알고 싶어 하는 상황을 생각해 보자. 그는 막 반성을 시작하려는 것이다. 그는 무언가를 알고 싶어 하는 자신을 발견한다. 하지만 단지 알고 싶어 하는 갈망만으로는 실제로 알 수 없다는 사실을 발견한다. 이런 사실을 동력으로 삼아 의식은 알기 위해 더욱 자신을 되돌아보는 반성을 거치고 다시 앞으로 나아간다.

이러한 의식의 성장 과정은 자신이 도달한 각 단계를 부정하는 것이자, 부정하는 힘을 동력으로 삼아 다음 단계로 나아가는 운동이다. 그런데 다음 단계는 앞의 단계와 다르지만 전 단계에서 의미 있었던 것을 여전히 보존하고 있다. 이것이 바로 변증법에서 말하는 부정의 부정이며 지양이다.

《정신현상학》은 이처럼 개별적 존재인 자아의 의식으로부터 출발해 자기를 한 단계씩 관찰하며 지양해서 앎의 단계를 높이고 성취하는 과정을 보여 준다. 결국 전체를 알게 되는 절대적인 앎에 도달하는 과정에 이르는 것이 의식의 목표다. 이러한 과정은 한꺼번에 곧장 이루어지는 도약이 아니라 점진적이며 단계적으로 진행되는 고리형 운동이다.

또한 《정신현상학》은 현상을 관찰하는 자아에 대해서 정밀하게 탐구한다. 앎은 세계에 대한 지식의 증강만을 의미하는 것이 아니다. 앎은 세계를 인식하는 주체인 나에 대한 앎이기도 하다. 앎의 과정은 이렇게 알려고 하는 주체와 앎의 대상인 객체 사이에 서로 관계를 맺고 변화하는 과정이다.

《정신현상학》은 처음 대상에 대한 앎에서 출발했지만, 점차 대상을 인식하는 주관인 자기의식의 영역으로 앎의 활동 영역을 옮긴다. 물론 이 과정은 주관 자체에만 초점이 맞추어져 있는 것은 아니다. 주관에 의해 정립되는 앎의 대상인 객관을 인식하는 과정은 나에 대한 인식과 더불어 행해지면서, 사실은 주관과 객관이라는 두 실이 밀접하게 연관되어 꼬여지는 것과 같다. 자기로서의 주관은 대상이 변화하는 속에서 자기 자신도 변화해 간다는 사실을 경험한다.

여기서 경험은 주관과 객관이 일치하는 계기를 발견한다는 점에서 매우 중요하다. 헤겔이 사용하는 경험의 의미는 대체적으로 자연에 관한 지식에 한정되어 사용되던 칸트적 의미의 경험과 다르다. 헤겔의 경험은 오히려 주관이 객관과 더불어 형성하는 바를 의미한다. 그러하기에 경험 자체도 계속적으로 변화하며 만들어지는 과정 그 자체이자 운동인 것이다.

결국 《정신현상학》을 통해 헤겔은 알고자 하는 의식인 주관과 앎의 대상인 객관이 동일하다는 것을 설명하려고 한다. 의식은 대상을 그 변화 속에서 파악하고, 이를 바탕으로 하여 자신이 변화해 나가는 것을 살핀다. 헤겔은 이러한 변증법적 인식 방식을 매우 새로운 길이자 방법이라고 부르며 제시한다. 즉, 새로운 길이란 바로 인식의 대상인 객체의 변화 속에서 의식이 대상만이 아니라 인식의 주체인 자기 자신도 비추어 살피면서 우리의 앎은 더욱 성장하게 된다는 것이다.

한마디로 말하자면, 헤겔 이전에는 인식의 주체(자아)와 객체(대상)가 고정 불변하는 것으로 보았으나, 헤겔은 이 둘 모두가 운동하고 변화한다고 본 것이다. 그리고 이 점이 바로 헤겔 철학의 독창성이다.

부정은 운동의 동력이다

앎을 가능하게 만드는 경험의 중요한 동력은 바로 부정에 있다. 여기서 부정은 완전히 모든 것의 존재를 지워 버리는 무화(無化)를 뜻하거나, 있다는 사실을 포기하고 지식을 부인하려는 허무주의를 뜻하지 않는다. 부정은 다음의 앎으로 나아가기 위해 지금의 앎을 거부하는 것이다. 부정은 전진을 위한 동력이며, 반성의 원동력이다. 반성은 대상을 세워 놓은 정립에서 벗어나 이를 숙고하는 과정이다. 필연적으로 반성은 정립뿐만 아니라 반정립을 포함하는데, 부정은 정립에서 벗어나 이와 대립하는 반정립을 의미한다.

의식은 자신이 파악한 것을 다시금 부정하지 않을 수 없다. 자신이 파악한 바에만 머무른다면, 앎은 중단되기 때문이다. 계속적인 앎을 위해서 부정은 필수적이다. 부정으로 인해 의식은 자신이 파악한 바를 새롭게 이해하며 다음 과정으로 이끌어 나갈 수 있다. 이와 같이 새로이 파악함으로써, 의식은 자기 자신의 모습을 새로이 가다듬어서 보다 수준 높은 형태로 성장한다.

헤겔은 특히 역동적인 힘을 지닌 부정이 바로 알고자 하는 의식의 본질이라고 힘주어 강조한다. 헤겔에게 부정은 의식이 지닌 생명력 있는 역동성이며, 위력적인 힘 그 자체다. 이렇게 의식이 부정을 통해 나아가는 과정은 활력을 지닌 생명의 과정 그 자체와 같다. 헤겔은 이를 죽음의 예로 설명한다. 죽음은 생명을 부정하는 것이다. 하지만 죽음을 두려워해서 오로지 자신이 파멸되지 않도록 보존만 하려는 것은 생명이 아니다. 오히려 죽음을 감내하면서 바로 그 죽음 속에서도 생명 그 자체를 간직하려고 하는 것, 이것이 헤겔이 말하는 생명이다.

그 때문에 생명과 부정은 더불어 공존한다. 생명은 죽음에 의해 결코 사라지지 않고 운동을 이끌어 내는 부정의 힘을 동력으로 삼아 다양한 변화를 거쳐 새롭게 창출된다. 그 결과 생명은 더욱 성장하고 변화하면서 지속적으로 존재한다.

이처럼 헤겔은 부정을 생명의 원동력으로 보며, 의식의 반성 운동을 이끌어 나가는 계기로 삼는다. 헤겔의 부정 개념은 낡은 것을 부정하면서 의미 있는 것을 보존한다는 지양 개념을 통해 그 의미가 보다 구체적으로 드러난다.

자기 자신을 끊임없이 갈고닦는 의식과 인간의 역사

《정신현상학》에서 의식은 매번 자신이 알고자 한 것을 확신할 수 없다. 그 이유는 의식은 아직 성장한 어른(이성이나 절대 정신)이 아니라 성장하고 있는 어린이나 청소년(감각이나 지각, 오성, 자기의식 등등)과 같기 때문이다. 그래서 의식은 성장의 각 단계마다의 한계를 경험하고 좌절을 한다.

하지만 의식의 길은 끊임없이 자신이 알게 된 것을 부정하고 현 단계에서 절망하면서도 그다음 단계로 나아가기 위해 모색해야만 하는 여정이다. 절망하는 과정을 거치면서 의식은 자신이 누구인지를 발견한다. 처음 의식은 자신을 확신하지만, 되돌아보고 반성하면서 다시금 불확신의 길로 빠진다. 그것은 확신의 과정에서 발견된 대상과 자신이 분리되어 있다는 사실에 대한 깨달음 때문이다.

이렇게 앎이 증가할수록 의식은 확신이 커지기보다는 한계를 느끼고 절망하기도 한다. 그러나 좌절한 의식은 좌절을 딛고 다음 단계로 나아간다. 이 점에서 의식의 여정은 회의의 길, 절망의 길을 직접 경험하고 밟아 가는 과정이자 그것을 극복(지양)하는 과정이다.

부정의 경험을 거치면서 의식은 자기 변화를 겪는다. 즉, 의식은 자기 부정을 통해 새롭게 생성되면서 그 자체로 새로운 의식으로 성장한다. 이 과정을 짧게 요약하면 다음과 같다.

맨 처음, 의식은 우선 사물 세계를 감각하면서 활동한다. 그러나 그가 감지하는 활동을 벌인 감각이나 지각, 오성 등등에는 한계가 존재한다는 사실을 깨닫고 자신이 알게 된 앎을 부정한다. 이런 부정과 반성의 경험을 통해 의식은 사물을 관찰하고 있는 자기 자신을 자각하면서, 자기의식이 된다. 자기의식은 자연의 생명적 활동성을 실행하는 과정에서 자기의식에 머무르지 않고 생명으로서의 자신을 자각하여 이성으로 발돋움한다. 그리고 마침내 사회적 공동체와 역사 안에서 인륜적 주체 내지 역사적 주체로서의 자신을 자각할 때, 의식은 정신이 되는 것이다. 여기서 인륜성이란 헤겔의 철학에서 실천하는 이성의 목표이자 한 공동체의 정신적이고 문화적인 토대이다. 헤겔은 인륜성의 토대 위에서만 개인이 법적 주체로서, 도덕적 주체로서, 그리고 공동체의 구성원으로서 존재할 수 있다고 주장한다. 인륜성은 인간의 모든 개별적 삶과 사회적 삶의 토대인 것이다.

인륜성에 이르는, 다시 말해 인륜적인 주체로 나아가는 정신의 여정은 개인의 정신적 성장을 보여 주는 것일 뿐 아니라, 전체인 공동체와 일치를 이루고 통일되는 과정이기도 하다. 이 점에서 《정신현상학》은 자기를 형성하고 닦는 의식의 수행과 도야의 과정이 사실은 사회적 의식으로 성장하고 발전하는 과정이라는 것을 밝히려는 것이다.

다시 말하자면, 의식은 특수한 한 개인의 의식에 국한시켜 이해될 수는 없다. 의식의 성장은 특수한 개별적 의식에 머무는 것이 아니라 보편적 의식으로 확대되는 과정이다. 또한 이런 성장 과정은 인간 역사의 발전 과정과 일치하는 것이기도 하다. 그 점에서 《정신현상학》은 역사 속에서 개인의 역사가 곧 일반자로서의 역사로 되는 과정을 보여 줄 뿐만 아니라, 역사 일반의 형성을 제시하는 것이기도 하다.

헤겔에게 개인과 역사라는 두 종류의 경험은 동일한 것이다. 의식의 도야는 정신으로 자각되는 과정을 거치면서, 한 단계에서 다음 단계로 나아가는 자기 발전의 길을 밟는다. 따라서 정신의 운동은 인간의 자기 성장의 과정이고 인류의 자기 발달의 역사인 셈이다.

《정신현상학》에서는 이러한 성장과 발전을 변증법적인 과정으로 설명한다. 변증법에 따르자면 의식은 그저 자연 상태로 주어져 있는 상태를 부정하며, 주어져 있음의 바깥으로 향해 나아간다. 여기서 다음 단계로 나아가기 위해 제일 중요한 것은 바로 부정을 거치는 것이며, 부정은 변증법적인 과정의 핵심이다. 의식은 부정의 힘으로 스스로 경계를 긋고 이를 넘어섬으로써, 그다음의 단계로 나아간다. 이렇게 나아간 의식은 한 번의 부정을 거쳐서 새롭게 인식된 대상을 앎의 대상으로 설정하고 다시금 그것을 부정하는 부정의 부정을 되풀이한다.

이렇게 반복된 반성과 부정을 통해 이루어지는 의식의 자기 발전 과정은 의식이 절대지의 단계에 이르면 더 이상 진전되지 않는다. 절대지(絕對知)는 의식이 최종적인 목적에 이르러 완성된 단계다. 절대지는 지금까지 달성한 의식 전체의 운동을 총괄하며, 전체로서 통일을 이룬 상태를 말한다.

이처럼 의식의 운동은 완성으로서의 절대지에 도달하기 위한 목적을 갖지만, 목적의 단계에 도달했을 때에 가서야 그 목적을 깨닫는다. 여기서 헤겔이 강조하는 바는, 목적으로서의 절대지가 운동을 이끌어 내는 출발점이자 원인이라는 사실이다. 따라서 절대지에 도달하여 깨달은 앎의 과정 전체는 끝과 시작이 하나로 연결된 원환적인 구조를 이룬다.

정리하자면 헤겔은 《정신현상학》을 통해 각각의 인간을 활동하는 정신이자 주체로 규명함으로써, 자기 자신에만 머물러 있는 사적이고 주관적인 개체 의식에서 점차 공적이고 공동체와 더불어 살아가는 객관적인 보편 정신으로 깨어나게 되는 과정을 밝히고자 한 것이다.

3. 《정신현상학》은 아직도 현재 진행형이다

헤겔 철학이 지닌 난해함에도 불구하고 헤겔 철학에 대한 관심은 1831년 헤겔 사후에 더욱더 커졌다. 특히 낭만주의적 기운과 자유주의적 기운이 강했던 예나를 중심으로 이 움직임은 커진다.

이러한 시발점은 헤겔과 가장 친밀했던 베를린 출신의 동료들과 제자들 가운데 일곱 사람이 하나의 단체를 결성하여 지속적으로 강의록을 포함한 헤겔 저작 완간을 준비하면서 시작된다. 이 단체의 한 축에는 목적론으로서의 헤겔 철학을 당시의 프로이센 절대 왕정을 옹호하는 것이라 해석하면서 헤겔 우파라 불리는 분파가 있다. 그러나 이에 반대하며 헤겔 철학에 접근하는 다른 견해가 출현하는데, 이들은 주인과 노예의 변증법을 주목한다. 이들이 바로 헤겔 좌파다.

그런데 도드라진 역할을 수행한 것은 바로 헤겔 좌파인 청년 헤겔파였다. 이들은 인식의 오류를 스스로 극복해 나가는 과정으로 헤겔 철학을 이해하며, 헤겔 철학에 대한 비판의 단초 역시 헤겔 자신에게 있다면서 헤겔의 변증법을 재해석한다. 이들은 유물론적인 입장에서 헤겔을 급진적인 사상가로 규정한다. 그래서 당시 프로이센의 억압적인 정치 상황을 돌파하는 수단으로 헤겔 철학을 활용한다.

헤겔 좌파의 사상은 마르크스, 엥겔스를 거쳐 사회주의 이념으로 정착되면서 더욱 분명하게 변혁적인 성격을 드러낸다. 마르크스와

엥겔스는 《정신현상학》 중 특히 주인과 노예의 변증법을 자본주의 이념에 반대하는 정치적 논의로 해석했다. 《정신현상학》의 내용 가운데 특히 노동과 소외 개념을 중요하게 보고, 노동하는 계급인 프롤레타리아의 정당성과 변혁의 필요성을 주창한다.

그러나 헤겔 철학 자체가 급진적 성격을 지닌 것이 아님은 분명하다. 그렇기 때문에 사회주의 사상에서 헤겔 철학을 활용했다고 해서 헤겔의 업적을 과소평가할 필요는 없다. 그런 의미에서 현대에 와서 《정신현상학》이 다시금 주목받는 것은 당연한 일이다. 특히 프랑스에서 활동하는 러시아 출신의 학자 코제프와 이폴리트는 주인과 노예의 변증법을 재해석해 내면서 프랑스 철학계에 지대한 영향을 미친다. 이들은 프로이트 《정신분석학》의 리비도 개념과 욕망 개념을 대비해서 현대인의 정신 구조나 현대 사회의 문제점을 해석하려고 했다. 욕망은 운동하는 원동력과 부정성을 연결하며, 자연적인 욕구와 구별되는 것이다. 그런 점에서 욕망은 타자를 향한 것이며, 타자의 인정을 추구하는 것이라는 보다 사회적인 개념으로 확대된다는 것이 이들의 해석이었다.

욕망 개념의 재해석처럼 포스트모던 철학의 다양한 논의 속에서도 《정신현상학》이 제기했던 개념이나 사상은 여전히 오늘날의 철학자들에게 철학적 자양분이 되고 있다. 이 점에서 헤겔의 《정신현상학》은 오늘날까지도 현재 진행형이라 하겠다.

    원문을 대폭 줄이고 정리했지만 《정신현상학》의 내용은 여전히 많은 이들에게 어렵고 읽기 불편한 것이다. 하지만 우리가 이런 어려움을 극복하고서라도 이 책을 읽어야 하는 이유는 다름 아니라 헤겔의 《정신현상학》은 인간 정신의 발전을 희구하고, 인간의 자유로운 삶과 정신적 고양을 추구하고 있기 때문이다. 오늘날 인간이 이성적 존재라는 명제는 여러모로 검토되고 있지만, 근대의 산물과 더불어 오늘을 사는 우리 개개인에게 이성적이며 사회적인 존재로서의 삶에 대한 가치는 소중한 자산이기도 하다. 헤겔 읽기의 가치는 그저 홀로 존재하는 원자적 개인이 아니라 사회 공동체에서 살아가는 우리 자신의 위치를 일깨우며, 다른 이와 더불어 살아가는 우리 자신의 조건을 성찰하고, 폭력이 아닌 공존의 희망을 희구하기 때문이다.

헤겔 연보

1770년(1세)	8월 27일 독일 슈투트가르트에서 출생.
1773~76년(4~7세)	독일어 학교, 라틴어 학교 입학 교육.
1777년(8세)	김나지움에 입학.
1783년(14세)	어머니 세상을 달리함.
1788년(19세)	김나지움 졸업. 튀빙겐 대학 입학.
1790년(21세)	신학교 입학.
1793년(24세)	튀빙겐 대학 졸업. 잠시 귀향 후, 스위스의 베른으로 가서 슈타이거 집안의 가정교사가 됨. 〈민족종교와 기독교〉 집필.
1794~1795년(25~26세)	칸트의 《종교철학》, 피히테, 셸링, 실러 등을 읽음.
1795년(26세)	〈예수의 생애〉, 〈기독교의 실정성〉 집필.
1797년(28세)	1월 프랑크푸르트암마인에 가서 고겔가(家)의 가정교사가 됨. 휄더린과 재회.
1798년(29세)	칸트 《인륜의 형이상학》을 연구. 스위스의 귀족 제도를 비판한 칼의 서간 번역. 이 무

	렵 〈뷔템베르크의 최근의 내정에 관해서〉, 〈기독교의 정신과 그 운명〉 집필.
1799년(30세)	아버지 운명을 달리함. 스튜어트의 경제학 연구. 《독일헌법론》 집필.
1800년(31세)	《자유와 운명》, 《기독교의 실정성》 개정판 출판.
1801년(32세)	독일 예나 지역으로 이주. 7월 《피히테와 셸링의 철학 체계의 차이》 출판. 8월 예나 대학 겨울학기부터 강의 시작. 〈혹성의 궤도에 관한 철학적 논문〉 집필.
1802년(33세)	자연법학 강의 시작. 셸링과 공동으로 〈철학비평〉을 편집, 발행. 〈철학 비평 일반의 본질〉, 〈상식은 철학을 어떻게 생각하는가〉, 〈회의론과 철학과의 관계〉, 〈신앙과 지식〉, 〈자연법의 학문적인 취급 방식에 관하여〉, 〈독일헌법론〉 완성. 〈인륜의 체계〉 집필 시작.
1805년(36세)	괴테의 추천으로 원외 교수가 됨. 철학사 강의 시작.
1806년(37세)	《정신현상학》의 집필과 인쇄를 병행하여 10월

에 최종 원고를 인쇄.

1807년(38세)	1월에 서자 루트비히 출생. 3월에 밤베르크로 이주. 신문 편집에 종사. 셸링과의 서신 단절. 4월에 《정신현상학》 출간.
1808년(39세)	가을에 밤베르크를 떠나 뉘른베르크로 이주. 김나지움 교장에 취임.
1811년(42세)	9월 마리 폰 투엘과 결혼.
1812년(43세)	장녀 스잔너 출생, 곧 사망. 동생 게오르크 루트비히 전사. 《논리학》 제1권 제1책 공간(公刊).
1813년(44세)	장남 카알 출생. 《논리학》 제1권 제2책 공간.
1814년(45세)	차남 임마누엘 출생.
1816년(47세)	가을에 하이델베르크 대학 정교수가 됨. 철학사, 미학, 인간학, 철학총설, 자연법과 국가학 등의 강의를 함. 《논리학》 제2권 공간.
1817년(48세)	가을에 문부 대신 알텐슈타인으로부터 베를린 대학 정교수 취임 요청, 수락. 《철학총설》 공간. 〈1815, 16년에 있어서 뷔템베르크 왕국의회 토의의 비판〉(〈하이델베르크 연보〉에 발표).

1818년(49세)	베를린 대학 정교수로 취임.
1821년(52세)	종교 철학을 처음으로 강의. 《법철학》 공간.
1822년(53세)	역사 철학을 처음으로 강의.
1827년(58세)	《철학총설》 제2판 공간.
1828년(59세)	포이어바흐로부터 취직 논문 증정 받음.
1829년(60세)	셸링과 해후. 괴테 방문. 10월 베를린 대학 총장 취임, 라틴어로 취임 연설.
1830년(61세)	아우크스부르크 신앙 고백 300년제에서 연설. 베를린 대학 총장 사임. 《철학총설》 제3판 공간.
1831년(62세)	〈영국선거법 개정안에 대하여〉를 〈프로이센 일반국가신문〉에 기고. 《논리학》 제2판 서문. 《정신현상학》 개정 착수. 11월 14일 급성콜레라로 급사. 피히테의 묘 곁에 묻힘.
1832년	《헤겔 전집》 공간 개시.